憲政熱映中

中華民國憲法的怪誕與進化

法律白話文運動
著

目次

輯二——壓抑

【前言】

憲法能為我們做什麼？幹嘛關心憲法？

作為法律普及工作者，可以發現一般大眾並不太親近法律。

但明明法律與社會生活的律動息息相關，為何大眾仍選擇迴避？從這個問號出發，「法律白話文運動」團隊，不斷努力讓法律被社會大眾理解；透過化繁為簡的書寫，讓大眾願意接觸法律，進而慢慢主動對各種制度提出自己的想法，親手改造自己的生活環境。

因此，本書設定的對象，不只限於學習法律的讀者；在這本書誕生之際，不分藍綠、政局也正有廣泛修憲的聲音，因此也很適合所有關心憲政發展的朋友。

本書的主軸，在於闡述憲法如何在我們土地上開花結果。試請回想，過去幾百年間，我們的先祖歷經清朝與日本統治，是如何從篳路藍縷到建立完整的憲政意識，背後的核心原則與制度邏輯，並不是有人登高一呼，就能一蹴可幾。如此種種，必然也是許多有志之士先後倡議，進而慢慢深入到民眾與當局的心中。

雖說本書討論的時代，橫跨百年來的演變，但我們嘗試用最精簡的篇幅、最活潑的故事，向讀者介紹憲法精神如何在日治殖民下勉力找到落腳之處，並看見其於威權時期是如何受到壓抑，並在民主前輩們的奮鬥下，是如何突破重重限制，令人民慢慢嘗到自由的美妙滋味，更讓眾人想法終於得在不同生活場域中燦然綻放。

於是，在重重審議，還有反覆投票的激盪下，大家決定把書名叫作《憲政熱映中：中華民國憲法的怪誕與進化》，希望利用播放電影的意象，讓讀者穿梭在不同的情節之間，看見我國憲法是如何歷經殖民與威權時期慢慢發芽，最後又是怎樣突破重重桎梏，朝著多元民主的想像進化。

更重要的是，藉由一個個的真實事件，希望慢慢讓大家明白：為何要關心憲法？

換句話說，我們多半聽過憲法是一個國家的根本大法；但是，理解它的好處是什麼，有沒有憲法的差別在哪，我們卻經常一無所悉。

憲法控制政府的運作

憲法是一部社會契約，眾人同意交出權力、組成政府，讓後者代替大家施政。而為了怕政府濫權，憲法最重要的概念之一就是「權力分立」。

所以當日本殖民時期，我們根本欠缺可以制衡總督的機會；到了戒嚴時期，就算有憲法，那些可以箝制權力氾濫的種種規定，也被執政者通通凍結，只能眼睜睜地看著各種威權，在我們土地上無情肆虐。甚至連號稱「人權守護者」的大法官，在大時代的不得已之下，也只能肯認萬年國會，並默許推定人民有罪的嚴刑峻法。

可是，若能適度運用遊戲規則，也是可以避免一場腥風血雨的軍事叛變，就像李登輝當年依照憲法的既有規定、修法與釋憲機制，讓軍系領袖暨政治對手郝柏村，從武將變文官，再被來自「民間與立法」的制衡力量逼迫下台，最後也讓李在制度上完成了軍隊國家化的任務。

憲法更凝聚我們的價值觀

在制憲或修憲之際，不同利益團體之間可透過協調，在憲法規定中，宣示各種心儀價值和未來願景，比方說「國家認同」。所以當憲法增修條文的前言，歷經折衝寫下「因應國家統一前」等文字，就會引發我們到底跟對岸是不是同屬一國的討論。

反過來說，當社會規範的某些做法，跟我們鎖定在憲法的價值有所出入，如不讓同志伴侶共同收養第三方的孩子，就可以拿憲法的平等權，主張立法者應比照「異性婚」公平對待，確保美好價值不被違反。

以上百轉千迴的衝突描述，都可以在本書找到對應情節。而藉由回首「過去」，我們可以把「現在」看得更加透澈，對「未來」的種種挑戰也能了然於心。透過本書，除了想保存我們的歷史記憶，也想讓讀者慢慢了解法律議題——其實從古迄今、分分秒秒都在我們身邊；其中不少關鍵時刻，更是深深影響了我們的當代環境。

法與環境的息息相關，我在《進擊的公民：探索社會議題的法律指南》書中寫道：「這句話展現『社會參與』的重要性，也突顯出法律是達成政策的目標、改善社會的工具。當法治運作的現況不如預期時，發生具體個案的爭議，除可透過訴訟過程，讓司法單位來落實法律所規範的公平正義；還可透過社會運動凝聚人民的力量，對政治菁英施加壓力，重新修改法律等規範、重新修改我們對未來的想像，持續再造新的社會遊戲規則。」

期盼看完《憲政熱映中》的妳／你，未來面對層出不窮的社會議題，願意一起跟法白為心儀價值倡議。

法律白話文運動網站主編

王鼎棫

自由民主，

是一種對生活方式的嚮往，但我們真的有在享受嗎？

一般而言，我們用憲法來維繫這樣的生活。

而判定一個國家是否有憲法，會從三個角度切入：

一、國家的統治權是否依照憲法辦理？

二、國家的權力是否分開由不同部門辦理？

三、人民的基本權利是否受到保障？

一八九五年，日本開始統治臺灣的時候，其實該國早已有了《大日本帝國憲法》（1890）——簡稱明治憲法；所以原則上，整個日治時期對臺灣的統治，固然大權往上追溯，終究統歸天皇，但至少在外觀上，天皇已承諾在他執政之下，都將按照憲法辦理。再來，在日本本土之內，雖有把行政、立法跟司法權分給不同部門行使，可在臺灣這塊殖民地，日本中央把攸關統治臺灣的行政權、大部分的立法權，都交給了「總督」這個角色來決定，且其對於司法也享有監督權限，因此日治時期的臺灣人民，可說從清朝一路以來，對於什麼是權力分立，應該都沒有任何體悟。

最後，對於基本權利的保障，日本當局雖然大幅整頓清朝以來的舊制，意圖改革交易規範，提升人民的財產安全，但畢竟是帝國憲法加上殖民體制——在這樣的架構下，除了權利都是天皇的恩賜，其實基本上不願意賦予臺灣人參與政治的權利，尤其盡量避免臺灣人能夠組代表全島的國會，甚至是前進日本本土參政。到了日治末期，進入戰爭階段，各種自由莫不遭到嚴格限制，就更別提所謂權利保障了。

若把視角轉向中華民國，北伐之後，國民黨為首的國民政府推出《訓政時期約法》（1931）冀望統治國家，但畢竟是憲法制定出來前，過渡階段的規範，具有讓國民黨專政的濃厚色彩。這部專政的約法，且隨著二戰後，中華民國政府接收了臺灣，而施行於臺灣這塊土地上，也讓臺灣人再次感受自日治時期以來，政府對百姓的不友善，觸動了後續的族群衝突與二二八事件。

緊接著爆發的國共內戰，更讓制定出來沒幾年、非常具有人權保障與權力分立設計、甚至還有民選議會跟違憲審查的《中華民國憲法》（1947）瞬間失色，大幅被《動員戡亂時期臨時條款》（1948）與戒嚴法制架空。

因此，在這個時期的臺灣人，只有初嘗一口憲法的滋味，更在動亂中不知其深厚韻味。

輯一

起源

日治時期與國民政府時期

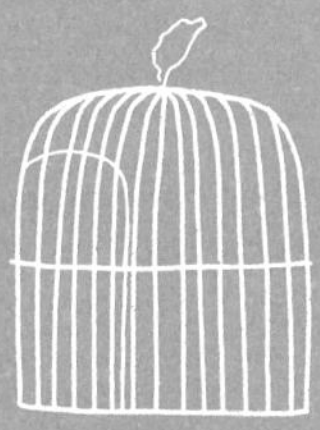

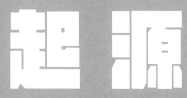

1

日治初期，大家都是「匪類」？

作者：劉珞亦、吳玟嶸

日治初期，
透過《匪徒刑罰令》強力鎮壓臺灣人，
也讓臺灣人的反抗運動轉向。

▶重點搶先看

日本制訂《匪徒刑罰令》，這種處罰對象過度寬泛、效果不當溯及既往，容易讓起訴罪名與定罪罪名不符的規範；研究認為即便沒有達到土匪的程度，還是會被這個可怕的法處罰，更證明了當時統治者根本不在意擴張刑罰，甚至是不惜用以違反比例原則的方式管制，很清楚地凸顯出日本統治時期對於臺灣人地位的歧視。

【推薦閱讀】

① 長谷部恭男，《法律是什麼？法哲學的思辨旅程》，商周，二〇一二年。
② 約翰·麥克西·贊恩，《法律的故事》，商周，二〇一二年。
③ 羅貝多·溫格，《現代社會的法律——社會理論的批判》，商周，二〇〇〇年。

犯錯固然要接受處罰，且由國家作為第三方來主持公道，不可以自行私下解決，這是我們現代人熟知的觀念；然而日治初期的臺灣人，卻因保有遇爭議即訴諸武力的傳統習慣，進而反抗當局，遂被當成做壞事的「匪類」，而大舉審判並處罰一番……不禁要問：臺灣人，什麼時候自己作主過了呢？

事情起源於一八九五年，清朝因為甲午戰爭的戰敗，依據《馬關條約》將臺灣割讓給日本。當時臺灣人武裝反抗的力道非常之大，造成日本一開始管理上的不便，甚至一度日本還想要賣掉臺灣，曾在一八九七年的國會中，有出現「臺灣賣卻論[1]」。

為什麼當時臺灣武力反抗力道這麼大？根據若林正丈教授在《臺灣抗日運動史研究》中的說法，主要是因為當時臺灣的社會，還是保有「中華王朝」體制長久以來的滲透。

所謂的中華王朝，就是指在清治臺灣以來的上層社會中，主要分成三種類型：第一種是「土豪」，就是大地主，擁有「私人武力」，有能力進行械鬥（為了爭取臺灣新世界的土地與水利資源等）；第二種是「士紳」，通常是獲得科舉或官位的人；最

1 聽說當時一度有討論到是不是要以「一億日圓」賣給他國。

後一種則是一般的商人。普遍說來，地主和商人會盡力讓自己的子弟參加科舉考試，讓家族進步到士紳的階級，更有能力保全自己的家族[2]。

從這點可以看得出來，這種以家庭作為中心，並且擁有私人武力的社會型態，是當時臺灣社會普遍的狀況；而之所以會有這樣的型態，也是意味著當時的科舉制度，造就大家可以依賴這種成功的模式。因此對於土豪和士紳來說，臺灣割讓給日本，就是一種規則的破壞，失去依賴的制度，可能會造成權威的喪失。所以當時有的土豪就開始進行一些武力抗爭，日本在這樣武力反抗過程中，受到國際嘲笑，乃用更強的武力進行鎮壓。讓我們再從一起發生在雲林的大屠殺看起。

一八九六年，發生在雲林的大事件

簡義，是清代雲林地方的望族，在地方上有很不錯的評價，就如同前面所說的土

2 若林正丈，《臺灣抗日運動史研究》，頁四二。

豪。當日軍進來時，一開始其實簡義並沒有要反抗日軍的意思，但因為日軍在當地誤殺平民，導致簡義家族在當地率眾和日軍進行交戰，簡義也變成公認的雲林抗日軍領導人。在「臺灣民主國」抗日失敗後，簡義跑到自古以來就是土匪巢窟的大坪頂，認識了柯鐵，一個以打鬥聞名的人物，在那裡成立了「鐵國山」（因日軍多次進攻都無法拿下，有如鐵一般穩固，故得此名），開始發起大規模的抗日活動[3]。

為了討伐這群反抗者，日本開始掃蕩，原本要直接進攻大坪頂，但因為反抗部隊熟悉地理早先撤退，又因為「良匪難辨」，所以軍隊分別向斗六各庄進行「無差別掃蕩」。根據事後日方留下的撫慰金紀錄顯示，共有五十五個街庄被波及，影響戶數資料不一，從三千多到近五千戶都有，死傷不計其數。而應該保護民眾的支廳長，竟隨同軍隊，也讓當地民眾十分憤怒。為了報仇，六月底鐵國山首領簡義，率領三百多人，進攻斗六街上雲林支廳的建築物。這波進攻導致當地行政、警察人員撤離，直到七月日軍大部隊才重新奪回斗六的控制權。

3 潘玨君，《日治初期雲林武裝抗日活動與鐵國山組織之研究（1895-1902年）——簡義與柯鐵為例》，中興大學歷史研究所，頁二八。

其間雲林鐵國山反抗軍數度與支廳發生衝突，直到一八九六年七月才被討伐結束。但日本人到處濫殺，於討伐過程中大規模的屠殺民眾，殺了很多婦幼，並到處縱火，焚燬村莊與民房多處。這樣的行為引起了許多人的反感，連「內地」的天皇都十分關注，由於討伐反抗軍時屠殺了過多民眾，香港日報的記者報導了日軍在雲林各庄屠殺無辜的暴行。

不只香港，英國的《泰晤士報》也隨後跟進報導。時任臺灣高等法院院長的高野孟矩，堅持殖民地司法應該獨立自主，對於軍方鎮壓與過度殺戮很反感。針對雲林事件，他也向日本總理大臣提出「關於臺灣施政之意見書」，表示日軍在雲林的大屠殺，是引起人民群起反抗的主因。因為不名譽事件爆發，日本天皇十分關注，人在日本內地的總督知道事情的嚴重性，也要求盡速懲處。

引進一個可怕的規範，秋後算帳

當時呈給監督總督府業務的報告指出，支廳長松村雄之進一邊說著要保護人民，但卻同時表示雲林支廳管轄範圍內沒有良民，把良民村落稱為是土匪的根據地，甚至參與討伐。最後他被撤職，也離開了總督府。日本也藉由地方官制調整的機會，廢除雲林縣，改制為斗六廳。除了懲處失職人員與招降匪徒，為了免於虐殺的國際指責，總督府決定設置臨時法院，套用西方法律下的制度，用法律來審理這類大型武裝抗日的事件。

所謂「近代西方式」的法院制度，有幾項特徵。首先，採取「原告」、「被告」與「法官」三者分立的模式，與當時居民從清治時期以來所習慣的傳統中國制度——未區分控訴者與審判者的糾問式制不同。其次，近代西方式法院認為「真實難以再現」，因此審判必須遵守嚴密設計的程序，以求得最接近真實之裁判，並由此形成多審制，這也是傳統中國法所比較沒有的想像。最後，在近代西方式法院制度下，司法審判權是由國家所獨享，不再承認村莊、家族等團體得享有一定之司法裁判權。

但日本方面，仍覺得這樣下去不是辦法，所以決定用一個很可怕的規範來因應。由於，立法是國會的權力，天皇是沒有辦法立法，只能發布緊急命令的。但是在臺灣不一樣，日本統治第二年制定出《六三法》，該法直接給當時的臺灣總督有發布法律效力的「命令」。我們可以設想這是一個多麼大的權力，這代表說臺灣總督具有行政權，這樣下去還可以擁有立法權，加上可以自由任免司法官人事的話，更可以擁有司法權。因此臺灣總督權力之大，也被人稱作土皇帝。

所以日本為了要避免這種雲林大屠殺事件發生，當時總督決定要規範一個新的命令，能輕易扣人入罪，就能快速用司法制度解決這種暴力事件，也就制定出一個叫作《匪徒刑罰令》的規範；這個命令可以溯及既往，而且相關的構成條件相當寬鬆，「不問任何目的，凡以暴行或脅迫為達成其目的而聚眾者」均視為匪徒，首謀、指揮者與附和隨從者皆為處罰對象，處罰極為嚴苛，法定刑責動輒為唯一死刑，甚至更將效力溯及於法律施行前所發生之行為[4]。

4《匪徒刑罰令》相關細節：一、不分目的為何，凡聚眾而以暴行或脅迫達成目的者，即構成匪徒。為首謀、或教唆者、或參與謀議、或擔任指揮者處以死刑，參與者有處以有期徒刑或重懲役。二、參加者若反抗官吏、軍隊、或是毀壞建築物、火車、船舶、橋梁或是放火燒毀作物、柴草或是毀壞交通設施、及其標識，使往來產生危險，或是毀壞電信、郵便、電話用途物件、或是殺傷人、強姦婦女，或是擄人掠奪財物者，皆處以死刑。三、未遂犯科處本刑。四、資助匪徒者，一律處以死刑或無期徒刑。五、藏匿匪徒，或是企圖替其脱罪者，處以有期徒刑或是重懲役。六、罪犯如自首者，可依情況減刑或全免刑罰。七、犯本令之罪者，如在實施前所犯，仍依本令處刑。（臺灣大百科全書 nrch.culture.tw/twpedia.aspx?id=3716）

這個命令我們可以看到有兩個很可怕的地方。首先就是，完全不需要判斷「目的」，只要聚眾而有暴行，就會成立該罪，這個在要件的判斷上非常寬鬆，極容易引人入罪。一般來說，刑罰的規範，因為效果在處罰人民，主要透過剝奪人身自由，這樣很重要的基本權，來達到遏阻犯罪的功用，所以要件一定要規定得非常「明確」，才能清楚地讓人民事先知道做什麼事情會觸犯什麼樣的罪。其次，更可怕的地方在於這條罪是可以溯及既往，如果實施該法之前，有人涉及到本條之罪，也一樣會被入罪。

我們可以看看現在的《刑法》第一條前段規定：「行為之處罰，以行為時之法律有明文規定者為限。」即從現今的角度來看，如果要處罰，一定要在行為時有該刑法規範才行。但是當時的規定可以溯及既往，意味著當時政府只是想打壓人民，就可以向過去製造一個從前沒有的規範，套在現在的人民身上，沒有把保障人權放在眼裡。

規則的意義在於事先的規範，讓大家有明文可以遵守，無端溯及既往只會造成無法事先得知，無法遵守，然後就突然入罪。更何況我們可以看到《匪徒刑罰令》的處罰效果相當重，動輒為唯一死刑的狀況。

當這個命令，成為統治噤聲的工具

我們透過一些數據，可以看到日治時期的政府，有意按照這個叫作《匪徒刑罰令》的規範，把反抗政治的行為，都歸類「土匪」。根據調查，當時為了強力鎮壓反抗者，很多反抗者在沒有獲得審判下就遭到殺害，且僅有四分之一的人是經過正式的法律程序才被處死的。但儘管經司法審判程序的人，下場不代表會比較公平——那些反抗者即便運氣好逃過當場格殺，但審判後還是有六成的機率會被法院判處死刑[5]。

固然，我們期盼法院的精確認定事實、適用法律，但可以看到當時的判決經常出現「起訴罪名與定罪罪名不符」的情況。根據研究[6]，當時的《匪徒刑罰令》的使用狀況，很常會有「強盜罪」和「匪徒罪」的區辨問題。

該研究甚至發現，《匪徒刑罰令》不一定只會適用在抗日分子上，也會用在其他

5 王泰升等著，《多元法律在地匯合》（臺灣史論叢法律篇），頁一八一。
6 劉彥君，《強盜或抗日？——以日治法院判決中的「匪徒」為核心》，臺灣大學法律學研究所碩士論文，二〇〇六年六月，頁七〇至七五。

破壞治安的傢伙。台中地院判決中，《匪徒刑罰令》所適用的對象以「非武裝反抗犯行」最多，這也代表法院在解釋上把處罰對象不斷擴張，甚至有可能處罰在不到「土匪」程度的人。而因為該法令，法官往往可能在有意無意間施予過重的處罰，這樣的態度，更顯示日治初期，並不特別隱藏臺灣人比日本人低等的歧視觀點。

直到一九〇三年，因為抗日事件慢慢消失，以及總督府覆審法院開始關注《匪徒刑罰令》的濫用狀況，這部可怕的法律才逐漸被減少使用。而因為《六三法》，讓臺灣總督有如此大的權力，隱含了當時日本對於臺灣管制的手段，有一種想要統治你，但卻沒有同時把你當做一個日本人來看的方式，甚至立了《匪徒刑罰令》這種讓處罰對象過度寬泛、效果不當溯及既往，容易讓起訴罪名與定罪罪名不符的規範，證明了當時統治者根本不在意擴張刑罰，甚至不惜用違反比例原則的方式管制，很清楚地凸顯出日本統治時期對於臺灣人地位的歧視[7]。

這就回到本文第一段話：臺灣人，什麼時候自己作主過了呢？

7 同前註，頁八七。

全文回顧

日治時代的初期，在臺灣人進行高強度的反抗下，日本人頒布了《匪徒刑罰令》，該法十分粗糙，非常容易讓人入罪，成為日本人打壓臺灣人最主要的工具，透過這篇文章讓人看到當時法律的荒謬。

參考資料

◎王泰升，《臺灣法律現代化歷程：從「內地延長」到「自主繼受」》，頁一五至四七。
◎王泰升等著，《多元法律在地匯合》（臺灣史論叢法律篇），頁一七〇至一八五。
◎若林正丈，《臺灣抗日運動史研究》，頁三一至五七。
◎陳翠蓮，《自治之夢：日治時期到二二八的臺灣民主運動》。
◎劉彥君，《強盜或抗日？——以日治法院判決中的「匪徒」為核心》，臺灣大學法律學研究所碩士論文，二〇〇六年六月。
◎潘珏君，《日治初期雲林武裝抗日活動與鐵國山組織之研究（1895-1902年）——以簡義與柯鐵為例》，中興大學歷史學系碩士班學位論文，二〇一七年六月。
◎小金丸貴志，〈匪徒刑罰令與其附屬法令之制定經緯〉，《臺灣史研究》第十九卷第二期，二〇一二年六月，頁三一至九八。

2

日本統治下，如何打造臺灣發大財的環境？

作者：王鼎棫

日治時期，固然是殖民作風，但客觀上卻為臺灣引進了「契約和所有權」等，打造現代市場運作的基本法治基礎。

▶重點搶先看

到此階段，臺灣慢慢踏上了近代民法的路，脫離了封建社會的身分拘束，個人在經過深思熟慮之後，就能透過自由意志，任意與他人締結契約；只要契約內容不影響社會秩序，原則上國家並不干涉。觀諸資本主義市場運作的三大支柱——所謂「人格自由發展」、「契約自由」、「所有權」，已透過現代法律的引進與解釋適用，逐漸在臺灣生根，也開啟了這塊土地接納現代資本主義市場運作的大門。

【推薦閱讀】

① 王泰升，《臺灣法律現代化歷程：從「內地延長」到「自主繼受」》，國立臺灣大學出版中心，二〇一五年。

② 卡爾．博蘭尼，《鉅變：當代政治、經濟的起源》，春山出版，二〇二〇年。

③ 卡塔琳娜．皮斯托，《財富背後的法律密碼：法律如何創造財富與不平等》，大塊文化，二〇一九年。

上一篇我們談到日治時期，總督府用《匪徒刑罰令》，配以大規模的審判來制裁臺灣人，藉以穩固統治，然而殖民地的功用，畢竟還是要拿來「發財」的。

如同威廉・伯恩斯坦（William J.Bernstein）在《繁榮的背後：財富如何形塑世界，跨越千年的富饒之旅》提到經濟繁榮的「根基」——如「財產權、資本市場」所說：「發明家及技術工人必須確保，他們的勞動成果，不會被政府、罪犯或壟斷勢力霸道沒收。『確保一個人能保有自己大多數正直所得』是萬權之母。」

因此，日治時期，政府出於便於統治的考量，開始打造現代化的契約或所有權等制度——除尊重個人為交易主體，明確規定人民彼此權益，要求國家不要隨便干預市場的運作，實現更有效率的財貨分配，打造一個有利經濟發展的環境外，也讓臺灣社會逐漸轉向西方主流價值的財產法制。

這段歲月也是臺灣法律現代化歷程的一部分，並讓之後《中華民國憲法》及相關法制順利接軌。

而在日治初期，為了方便順利接軌前後制度，尚借用清治臺灣時期的中國法「外殼」，讓現代意義的財產法制「上市」。所以，在我們爬梳殖民政府到底如何打造現代化的交易市場來發大財之前，對清治臺灣的祖先們到底如何解決民事問題，還是得有些基本理解。

清朝的臺灣人碰到民事紛爭怎麼解決？

根據陳宛妤與王泰升在〈臺灣日治初期資本主義財產法制的確立〉的研究：清治臺灣下，處理糾紛的規範，就是以《大清律例》為主的官府規定，還有許多只有言傳、沒被規定下來的民間習慣。

所以，如果我們穿越清朝碰到糾紛，就算看得懂文字，其實也很難在官府規定中找到對應的條文，也就必須花時間去了解民間習慣的處理方式。

至於為何當時官方容許這種「各地自由」處理的方式，王泰升在《臺灣法律史概論》指出：清朝當局為了用最少的資源控制百姓，只要不威脅到帝國秩序，就不打算過於介入百姓生活，放手讓各地用民間習慣來解決地方的特殊要求。

那麼在打官司的時候，官府又會如何看待這些條文還有民間習慣呢？黃源盛在

《中國法史導論》即指出：雖然有律例等規範的存在，但官府仍然可不受律例條文拘束，而另依倫理道德、風俗習慣等綜合判斷，希望說服雙方當事人願意接受解決方案。

總的來說，清代的制度允許官府超越種種規範，自己衡量案子的輕重，找出一個鄉親都能接受的方案。

如同王泰升、曾文亮與吳俊瑩在〈論清朝地方衙門審案機制的運作：以《淡新檔案》為中心〉裡清楚地描述：「傳統中國的衙門審案，不是如今日所認識的現代意義司法審判，並非先『發現』法，再將之適用於個案，而是由個案的具體情節出發，參酌多樣的規範架構，或是治理上的政務考慮。」

也就是說，清治的臺灣官府審案並不如我們腦海中想像，由法官坐在大堂仔細聽審後，再依法律等民主規範，作出合乎法令精神的裁判。在臺灣，現代意義的法律與審判運作，是日本統治臺灣之後才慢慢被引進。

日治初期如何讓新舊制度接軌？

這主要環繞在要不要讓「日本法律」取代「臺灣舊慣」的問題上。一八九五年，臺灣成為日本的殖民地。一八九六年七月十五日，專職行使裁判權限的現代法院——臺灣總督府法院正式開門營運。一切都跟我們想得差不多：刑事案件經由檢察官偵查起訴後，交由法院判官審判，經判刑後再由檢察官指揮裁判的執行；而民事事件則經由人民起訴後，再交由判官審判。

然而雖然有了現代化的法院，可現代化的民、刑法典並沒有馬上直接在臺灣施行。為了讓臺灣人民可以早日習慣日本帶來的新規範，總督府雖然發布律令第八號「關於民事商事及刑事律令」，決定「比照」內地日本民法等內容（這段時期，一般稱之「律令民法時期」，一八九八到一九二二年）。但律令也同時規定：如果民商爭議僅涉臺灣人及清國人，則按照「現行之例」處理，即「地方慣例及法理」；此外，律令第九號更規定：「關於土地的權利」，不論日本人或臺灣人，都不適用日本民法的規定，一律按照臺灣舊慣處理。

換句話說，在律令民法時期[8]，確立了在臺灣土地上同時存有「日本民法」和「臺灣舊慣」等不同體系的法令依據。一般來說，就民商爭議採「屬人主義」，只要是日本人之間的問題，就適用日本民商法的規定；如果屬於臺灣人或清國人之間的問題，則適用臺灣舊慣，除非爭議一方涉及日本人的時候，才令臺灣人或清國人也一併適用日本法。

至於針對「關於土地的權利」則採「屬地主義」，只要土地落在臺灣，就算當事人是日本人，也必須適用臺灣舊慣來處理土地爭議。

8 如同陳宛妤在〈日治時期土地法律關係之法源——最高法院一〇五年度台上字第一九八〇號判決評析〉中所分析：一九二一年，日本帝國議會以法律第三號修改「有關應施行於臺灣之法令之件」，此即一般所稱的《法三號》，訂於一九二二年一月一日起施行。《法三號》中規定，原則上以發布敕令之方法將日本內地之法律施行於臺灣（稱為「施行敕令」），並創設了「特例敕令」制度，得以敕令為特別的規定，以取代法律中若干不符合臺灣情事的條文。依此，一九二二年敕令第四〇六號「有關民事法律施行於臺灣之件」指定日本民法、商法、民事訴訟法、人事訴訟手續法、非訟事件手續法、不動產登記法等日本法律，自一九二三年一月一日起施行於臺灣，同時以敕令第四〇七號發布「有關施行於臺灣之法律的特例」，針對已施行的日本內地法律，制定若干適用於臺灣的「特別法」，如僅涉及臺灣人的親屬繼承事項，不適用日本民法親屬繼承兩編之規定，而係「依習慣」。故自一九二三年一月一日起至日本戰敗的一九四五年十月二十五日為止，臺灣的民事財產事項已進入了「適用民法」時期。

現代民法如何慢慢走入臺灣人生活？

依前述的法制設計，日治法院在處理臺灣人的民事紛爭時，就必須認定案子涉及什麼樣的臺灣舊慣；但一個新來的統治者，如何判斷百年累積下來的習慣？

一八九九年十二月，兒玉源太郎總督與後藤新平民政長官邀請了留學德國並任教京都大學的岡松參太郎教授，前往臺灣調查舊慣，並主持一九〇一年成立的臨時臺灣舊慣調查會，該會最後出版著名的《臺灣私法》及《臺灣私法附錄參考書》。

該研究的最大特色就是：用近代西方的法律概念，幫臺灣當代的民事習慣分類。如最後定稿的《臺灣私法》將臺灣「舊慣」分別歸入「不動產」、「人事」、「動產」、「商事及債權」等項目之下，並列出相關權利、義務的要件與法律效果等概念。這些法律概念，本來都並不存在於臺灣社會，是一個全新的嘗試。

而這項調查，既然是根據當代的法律概念，來詮釋臺灣人的「舊慣」，以便於司法機關適用，並作出相關法律判斷。這樣融合新舊觀念的舉動，也讓現代民法的色彩，透過抽象的分類，還有在每個案子中的具體適用，一點一滴慢慢進入臺灣人的生活。

然而，如同陳宛妤與王泰升在〈臺灣日治初期資本主義財產法制的確立〉所述：臨時臺灣舊慣調查會在報告書中所發現的「舊慣」，負責審判的法院最後也不一定會全部承認。

因為如果法院認為某項舊慣違反「公序良俗」，就不會承認它的法律效力。例如，在中國或臺灣買賣查媒嫺（女婢），雖不違反公序良俗者，但並不符合日本法律道德或習慣，即便為臺灣人所承認，也不可以作為契約的內容。

換句話說，前述的報告裡發現的舊慣，只是認定舊慣內容時的重要參考，但並不能拘束法院的判斷。舊慣調查的目的在於「發現」舊慣，而法院即接棒肩負「改進舊慣」的使命，所以法院最終其實也扮演了融合「臺灣舊慣與日本法制」的角色。

完備的民事制度，帶你發大財？

舉個對比，過去臺灣漢人社會在處理土地「權利」的時候，固然當事人之間會簽契約，也會找地方人士在場見證，但契約關係以外的第三人，將來如果要買這塊土地，就不一定清楚這樣的過往，也讓日本人後來引進土地登記規則，務必要求公告土地上的權利義務關係；此舉雖然增加了建制成本，但這對當時不熟悉臺灣而想來臺投資的日本資本家或銀行等金融機關來說，能夠有效改善交易風險，對擴大市場規模（也就是發大財）相當重要。

因為如此設計，可以讓下一個購買土地的人有所依憑，可以完全信賴國家的土地登記，不必擔心面對的是否為一場騙局，有助於降低評估成本，不用再花心思另行調查真正的權利狀態。

回顧清治臺灣，雖也承認私有產權，並不禁止土地的買賣流通，但一塊土地上可能存在多重的業主，且其對於土地支配力的強弱，常會隨著時間或地方習慣而變遷，在在都使得土地的交易狀況非常不透明，很難把土地商品化，同時限縮交易的範圍。

如同祕魯經濟學者赫南多・德・索托（Hernando de Soto）在《資本的祕密》裡曾指出：土地上若存在各式各樣「傳統的權利」時，就難以將土地擔保化（按：涉及土地的關係人太多，彼此關係不透明，銀行不容易放心，關係人就不好取得資金，做進一步的投資），作為經濟動脈的金融機構也無法順利運轉，因此建立良好的交易規則，對資本主義的發展是必要的。

而回顧臺灣在日治初期，土地爭議固然不適用日本民法，不論日本人或臺灣人一律依照臺灣舊慣處理，但為打造良好的交易市場，日本殖民統治當局，還是慢慢著手調查臺灣的土地狀況，並積極以近代法律上的「權利」概念，重新梳理臺灣土地上的法律關係，順勢建立現代土地法律制度中有關所有權、擔保物權等概念，甚至制定土地登記規則，一步一步活化土地交易市場。

到了一九〇五年，以近代西方所有權為核心的現代土地法律制度已大致整備完成。到此階段，臺灣也慢慢踏上了近代民法的路，脫離了封建社會的身分拘束，個人在經過深思熟慮之後，就能透過自由意志，任意與他人締結契約；只要契約內容不影響社會秩序，原則上國家並不干涉。

觀諸資本主義市場運作的三大支柱——所謂「人格自由發展」、「契約自由」、「所有權」，已透過現代法律的引進與解釋適用，逐漸在臺灣生根，開啟了這塊土地接納現代資本主義市場運作的大門。

而雖然歷經了鎮壓，不得不馴服於殖民當局之下，但由於民事法制讓人民得以蓄積財富之後，臺灣人內心想要作主的聲音，又再次蠢蠢欲動。

全文回顧

殖民地的功用，畢竟是要拿來「發財」的。日治時期，為便於統治，乃引進現代化的契約或所有權等制度到臺灣——即以個人為交易主體，明確規定人民彼此間的權益。這段歲月也是臺灣法律現代化歷程的一部分，並讓之後《中華民國憲法》及相關法制能順利接軌。簡單來說，日治初期，固然為了方便殖民，臺灣人跟清國人之間的民商爭議，會借用清治臺灣時期的舊慣來解決，但行政或司法機關也肩負「改變舊慣」的使命，會順勢以近代相關的法律概念，重新梳理發生在臺灣的民事爭議，這樣除能有助交易安全的保障，更對當時不熟悉臺灣而欲來臺投資的日本資本家或銀行等金融機關來說，非常有助評估風險，對擴大市場規模來說相當重要，也悄悄種下資本主義發芽的種子。

參考資料

◎王泰升，《臺灣法律史概論》，元照，六版，二〇二〇年。
◎王泰升、曾文亮、吳俊瑩，〈論清朝地方衙門審案機制的運作——以《淡新檔案》為中心〉，中央研究院歷史語言研究所集刊，第八十六本第二分，二〇一五年六月。
◎陳宛妤，〈日治時期土地法律關係之法源——最高法院一〇五年度台上字第一九八〇號判決評析〉，《月旦裁判時報》，第六十三期，二〇一七年九月。
◎陳宛妤、王泰升，〈臺灣日治初期資本主義財產法制的確立〉，經濟論文叢刊，第四十八卷第三期，二〇二〇年九月。
◎黃源盛，《中國法史導論》，犁齋社有限公司，二版，二〇一三年。
◎威廉·伯恩斯坦，《繁榮的背後：財富如何形塑世界，跨越千年的富饒之旅》，大牌出版，二〇一八年。
◎赫南多·德·索托，《資本的祕密》，經濟新潮社，二〇〇五年。

3

向殖民政府要民主，臺灣人的奮力一搏

作者：劉珞亦

臺灣的民主運動的轉向，
議會自治的起點，
卻也是失敗的收場。

重點搶先看

他認為，如果我們廢除《六三法》，不就是讓日本的法律可以在臺灣這塊土地上施行，無疑讓臺灣之於日本的特殊性被抹滅嗎？當時他主張，如果要反抗，要很清楚地知道我們目標在哪，當然是要反抗總督專制的體制，建立一個憲政民權的體制。但另一方面，更要阻止日本當時「內地延長」的政策，所以一定要想辦法透過一種方式來維持臺灣這塊土地的「特殊性」。如果要廢除《六三法》，那就會讓臺灣和日本變成一樣的地方，無法凸顯臺灣的特殊性……

【推薦閱讀】

① 王泰升，《臺灣法律現代化歷程：從「內地延長」到「自主繼受」》，國立臺灣大學出版中心，二〇一五年。
② 吳豪人，《殖民地的法學者：「現代」樂園的漫遊者群像》，國立臺灣大學出版中心，二〇一七年。
③ 陳翠蓮，《自治之夢：日治時期到二二八的臺灣民主運動》，春山出版，二〇二〇年。

日治時期，就算生活在殖民地，臺灣人曾經也想要奮力一搏，為自己爭取屬於臺灣人的自治，但「殖民」這兩字就像緊箍咒，把當代臺灣人想要自由的心多次給緊緊拴牢。

從那個蓋起鳥籠的法律說起

前面約略提過《六三法》，這可說是讓臺灣總督變成權力極大的依據。當時的日本帝國，立法的權力來源是「帝國議會」，也就是說，只有透過帝國議會產出的規範，才能作為法律。而天皇可以發布緊急命令來代替法律。

這樣的概念其實跟我們現今國家的制度並沒有相差太遠，例如目前中華民國的憲政體制中，就是由「立法院」來立法，總統只能在非常狀態下，才可以發布緊急命令來代替法律。總而言之，當代的政府體制很強調權力分立，行政歸行政、立法歸立法。

但《六三法》可不是這樣的，先讓我們回到一八九六年二月六日那天。

有研究指出[9]：當時擔任臺灣事務局的總裁伊藤博文，向內閣總理大臣伊藤博文提出一個「關於臺灣總督應發布之命令的法律案」（對你沒看錯，兩個人是同一個人，就像是把自己的東西丟給自己審）。後來內閣法制局對此法律案所做出的理由書中，是這樣說的：「臺灣歸帝國版圖以來，時日尚淺，屬百事草創階段，且有土匪蜂起之虞。該島距首都東京甚遠，兩地間交通尚未方便，又該島與本國的人情風俗等全然相異，不宜以與本國同一法令加以規範，是以提出本案。」

可見，日本在一開始，就沒有想要把臺灣人和日本人作為同一個地位看待，只想要在兩者之間做出差別待遇。

因此，在一八九六年三月三十一日，大日本帝國國會公布第六十三號法律，這也是《六三法》的名字由來。這個法律賦予臺灣總督非常高的權力，例如在臺灣這個轄區內，總督可以直接發布具有法律效力的命令[10]（也稱律令），而且也可以直接發布

9 整段參考王泰升，〈從日本國立公文書館所藏史料試探日治時期臺灣立法權之運作〉，《臺灣史研究》，一九九九年，頁三九。

10 《六三法》第一條規定：「臺灣總督在其管轄區域內，得發布具法律效力之命令。」

緊急命令，不需要經過天皇裁決。

觀察這樣權力運作即能發現，總督本來就有「行政權」，如果是軍人出生的話，又會有「軍權」，現在因為《六三法》的關係，更可以有「立法權」。除此之外，因為總督可以自由地任免司法人事，所以也可以控制「司法權[11]」。在這樣的體制下，臺灣立法事項幾乎都是中央行政部門及殖民地總督來決定，議會都不會過問，跟日本比起來，臺灣根本就是一個「異法域[12]」。

當臺灣總督擁有如此大的權力時，自然就會像是一個人控制全臺灣的感覺，所以在當時民間也常說臺灣總督就是一個「土皇帝」。然而當時有部分的日本國會議員意識到這樣的立法有問題，因此規定其只能實施三年[13]，三年一到期，該法律就應該要失效。

11 曾經就發生過一個事件，當時擔任高等法院院長的高野孟矩，與行政部門有一些爭執，所以當他審理總督高官貪汙事件時，總督就把他給調職，但高野孟矩當然不接受，結果就因為這樣的不接受，被以違反命令而喪失法官的資格。
12 王泰升，《臺灣法律現代化歷程：從「內地延長」到「自主繼受」》，頁一七。
13 《六三法》第六條：「此法自施行之日起，經滿三年失效。」

然而，在一八九九年，日本認為必須要再延長三年，所以延長之，一九〇二年又再延長，一九〇五年又再延長，最後這個《六三法》就維持了十一年的效力[14]。

但事情並沒有這麼簡單就結束。

一九〇六年，日本公布一個新的法律，叫作《三一法》，來代替廢止的《六三法》。但其實內容差別不大，例如第一條這樣規定：「在臺灣須以法律規定之事項，得以臺灣總督命令規定之。」並且第六條還這樣規定，延續之前的政策：「臺灣總督先前所發布之律令仍然具有效力。」所以基本上我們可以說，《三一法》延續了「六三法體制」。

唯一比較大的差別，是規範起總督施行的「律令」，不可以違反日本國或是已經在臺灣施行的「法律」，這大概是比起《六三法》中，稍稍比較限縮總督權力的規定。此外《三一法》的期限為五年，後來延長兩次，直到一九二二年才被《法三號》

14 真的就像是電影《無間道》裡面梁朝偉說的：「明明說好是三年，可三年之後又三年，三年之後又三年，就快十年了老大！」

取代[15]。

總而言之，我們可以清楚地看到，當臺灣這塊土地變成「日本殖民地」時，其實在法律上，和日本人是處於不同地位的，這也證明在日治期間，日本人並沒有把臺灣人當作日本人一樣來看待，甚至在法律制度的安排上，臺灣人是比較次等的。

一直無法作主的臺灣人，究竟是怎麼樣來反抗的？

反抗，也有路線之爭？

過去，臺灣總督對於臺灣社會的反抗運動，多半都是透過武力來鎮壓，造成非常多的死傷。但是從一九二〇年代開始，臺灣人的反抗開始改變了，過去的反抗很多是

15 《法三號》的正式名稱叫作《關於應該在臺灣施行的法令之法律》，它們的差別在於：之前在《六三法》及《三一法》的狀況下，原則上是由臺灣總督直接發布律令來作為管理臺灣的法規範。但在《法三號》的狀況下，是要用「敕令」的方式。所謂的「敕令」是指依天皇的大權或是法律的委任，然後才發布的命令。簡單來說，日本的法律不會當然的在臺灣發生效力，而是委由敕令來決定法律要不要施行在臺灣。敕令的制定流程為：主管各事務之大臣提案向內閣請議→內閣法制局審擬後進行閣議→天皇裁可後發布敕令並由主務大臣副署。上述參照王泰升，〈從日本國立公文書館所藏史料試探日治時期臺灣立法權之運作〉，《臺灣史研究》，頁四四至四五。

出自社會的底層，但是後來變成多半是知識分子以及仕紳階級；因為在當時，受了近代教育、能操流利日語的本島知識青年愈來愈多，更懂得從參政權或言論自由等法理上，去批判總督府的立場。

而他們所採取的並非暴力手段，卻是透過和平的方式來抗爭，可能是文字，也可能是演說。他們不主張要推翻日本的統治，乃是希望在日本的統治下，可以讓臺灣人擁有應有的法律地位。

所以在《六三法》[16]這類具差別意味的法令綑綁之下，臺灣人其實是非常悶的，一方面失去臺灣人的主體性，變成日本當局統治的對象，另一方面在日本的統治下，卻又無法和日本人有一樣的地位。所以當時的臺灣人，無不努力思考該如何進行新的反抗，要回自己的主體性。

於是後來就有大量的年輕人到「內地（當時稱日本為內地）」念書，養出一批批

16 這邊先跟大家說一下，從第一段那邊大家都可以看到其實《六三法》後來已經被《三一法》和《法三號》取代，但因為內容差距並不大，所以大家還是習慣用《六三法》當作統稱，即便後來名字已經有所改變。

新興的知識分子。而這些知識分子，利用知識而非武裝的手段來反抗。然而這樣的反抗，卻造成某種程度上的尷尬，也就是反抗路線的歧異。有一部分的人認為，應該要廢除《六三法》，因為這個體制就是把臺灣人當作次等的力量，所以一定要努力廢除。此廢除派以林獻堂為主，他與臺灣來的一些留學生，在日本籌組「六三法撤廢期成同盟會」，主張廢除六三法並讓臺灣納入日本帝國的體制。

但有人卻不這麼認為，林呈祿[17]提出一個不一樣的說法。他認為，如果我們廢除《六三法》，不就是讓日本的法律可以在臺灣這塊土地上施行，無疑讓臺灣之於日本的特殊性被抹滅嗎？當時他主張，如果要反抗，要很清楚地知道我們目標在哪，當然是要反抗總督專制的體制，建立一個憲政民權的體制。但另一方面，更要阻止日本當時「內地延長」的政策，所以一定要想辦法透過一種方式來維持臺灣這塊土地的「特殊性」。如果是要廢除《六三法》，那就會讓臺灣和日本

17 林呈祿的父親在他小時候因為保護鄉民而被殺害。長大後林呈祿最後走法律界，曾在日本明治大學就讀法科，畢業後短暫在中國政治研究所擔任教授，一九一八年回臺灣後就開始積極投入臺灣的政治運動。

變成一樣的地方，無法凸顯臺灣的特殊性，所以林呈祿反對撤廢《六三法》這樣的運動。

林呈祿這樣的呼籲，也讓許多留學生思考，如果我們努力撤廢《六三法》，就是贊同日本的同化主義。當時的臺灣青年不禁思考：「我們到底要什麼？」我們不要《六三法》給總督那麼大的權力，也不要同化，那怎麼辦？就在這樣的掙扎下，林呈祿建議可以選擇「第三條路」：向日本政府爭取「設置議會」，由殖民地人民自己決定自己的未來。

他主張，臺灣這塊土地，是有特殊的歷史及文化，這些東西如果日本要將他們的法律直接施行於臺灣，是完全忽視臺灣固有的獨特性，所以參酌世界各國對於殖民地的作法，都是要尊重殖民地的自治主義，這樣才是比較進步的殖民統治。

因此這樣的路線之爭，就在一九二〇年底，「撤廢六三法派」和「設置臺灣議會派」進行辯論，最後林獻堂拍板定案，未來的運動以「臺灣議會設置請願運動」為主要目標[18]。

18 陳翠蓮，《自治之夢：日治時期到二二八的臺灣民主運動》，頁四五。

挫敗，挫敗，再挫敗

在大家的共識下，「臺灣議會設置請願運動」就這樣開始了。首先向日本的請願，當然遭受到一連串的挫敗。例如林獻堂等人跟日本總督見面請願，官方就會立刻放風聲，說林獻堂願意停止臺灣議會請願運動，或是說總督府承諾給林獻堂多少好處，換取他退出該運動。也因為這樣的風聲，導致許多人對於林獻堂的猜疑，整個運動因此受到很大的阻礙，其中例如蔣渭水等人，就另外成立「臺灣議會期成同盟會」，想要取代林獻堂等人來強力推動議會運動。

由此蔣渭水等人，向東京稻田警察署提出該同盟會的結社申請，結果通過。而這件事情卻惹到總督府，因為對於總督府來說，這些被殖民的人民，居然繞過總督府到東京組成政治團體，如同不把臺灣總督府擺在眼裡，也因此，一九二三年底就發生了一個重大事件，史稱「治警事件[19]」。

19 陳翠蓮，《自治之夢：日治時期到二二八的臺灣民主運動》，頁一一六。

之所以會叫作「治警事件」，主要是因為《治安警察法》的規定，在這部法律裡頭，對於人民的集會、結社有很多的限制，換言之，這部法律某種程度上就是要限制人民參與政治的可能性。而正因為當時臺灣人以各種不同路線向日本政府請願議會，於是就在一九二三年十二月十六日，臺灣總督府開始進行全臺大逮捕，全面打擊那些參與自治運動的人士。當時多人遭到逮捕，其中包含大家熟悉的蔣渭水、蔡培火等人，最後有十八名遭到檢察官以違反該法第八條[20]第二款起訴[21]。

其實這個法律在臺灣施行，還少了一個很重要的關鍵——也就是，如果當局違法讓人民集會結社的權利受到損害時，可以向行政法院要求平反；但按照當時的狀況，臺灣根本沒有「行政法院」，所以法條文字和現實運作是有矛盾的。這樣根本無法跟上法制，卻依舊起訴的現狀，完全可以窺探當時政府操作的「政治性」[22]。

20《治安警察法》第八條：「為保持安寧秩序，於必要情況下，警察可限制、禁止或解散戶外之集會及群眾運動，亦得解散室內集會。結社時該當前項之際，內務大臣得禁止之。此時若因違法處分致使權利受到損害者，得向行政法院提訴」。
21 陳翠蓮，《自治之夢：日治時期到二二八的臺灣民主運動》，頁一一八。
22 吳豪人，《殖民地的法學者：「現代」樂園的漫遊者群像》，頁一四〇。

然而，就算在這樣的情況下，還是有個臺灣人站了出來，擔當辯護，他叫作葉清耀[23]。

這個臺灣人第一個辯護士，也是臺灣人第一位拿到法學博士的人決定挺身而出，擔任這些爭取臺灣自治的被告辯護者。然而他面對的是當時擔任原告的檢察官三好一八，在開庭的過程中，三好一八對於這些被告非常嚴厲，認為如果你們這些被告，不願意接受日本的人的統治，那就請離開臺灣，甚至指責臺灣人竟不知感恩，反對同化政策，要求自治權利，是不自量力！

一審歷經九次開庭，最後被告通通獲判無罪，拿到一場勝利！審判長堀田貞猿宣告被告總共十八名通通無罪，葉清耀更在這場官司中一戰成名。該審判讓這些被告無罪，有學者認為是明顯違反臺灣總督的意旨，可見當時司法的獨立性，是不受行政干

23 葉清耀，一八八〇年九月十六日出生。家中經濟狀況不是很好，自東勢公學校畢業後，就無法升學，只好從事樟腦油的工作。但是學校老師認為他聰明，不升學實在可惜，所以建議他一定要繼續念書，最後他考上當時的台中師範學校，後來到日本留學，進入明治大學法科就讀，半工半讀完成學業，準備要考辯護士（律師）。但是當時日本政府不准臺灣人考律師，因此他決定進行反抗，向日本請願，後來果然開放，他也順利成為臺灣史上第一位辯護士，以「刑法同意論」取得法學博士，更成為臺灣第一位法學博士。日後返回臺灣在大稻埕執業。

預的[24]。但也有論者持比較不一樣的意見，認為法官判無罪的原因，是因為這些被告真的沒有違反法律，假若判有罪反而會讓他們英雄化。且該學者就認為，這也反應當時的司法文化已經有「依法判決」的態度，但這種依法判決比較是在形容做任何事情，只要是公權力，即便是惡事，都是必須要依法，至於是不是惡法，是次要的考量[25]。

眾說紛紜之下，最後二審還是推翻了一審判決，蔣渭水及蔡培火被判四個月有期徒刑，剩餘等人取得被判三個月、罰錢或無罪的處遇。

最後這個請願活動，在路線不同下分裂，在請願十五次後，以失敗宣告收場。但也因為這運動，臺灣人的獨立主體性，慢慢浮現出來。至此，臺灣人對於「憲法」二字雖然不見得清楚知道，但透過知識分子的鼓吹，也多少開始知道：政府的行動不能恣意，必須依靠客觀法律作為依據，且同時一國的主權屬於國民全體，統治者的權力來自人民授權，故政府的組成須依照民主原則為之。

而此時候，距離《中華民國憲法》登陸臺灣，其實也沒有多久了。

24 王泰升，《臺灣法律史概論》，頁二〇八。
25 吳豪人，《殖民地的法學者：「現代」樂園的漫遊者群像》，頁一五〇。

全文回顧

因為《六三法》的禁錮，造成臺灣整體民主法治的受限，讓在異族統治下的臺灣人，無法有自己的聲音，部分的臺灣人民站了出來，用「臺灣議會設置請願運動」作為手段，然而在「治警事件」下，卻又遭受到嚴重的打擊。但也因為這樣的打擊，凸顯出部分臺灣人對於追求自治的堅持，縱使在日治時代下的作為，最後都是失敗收場，但也讓人看到黑暗中的曙光。

參考資料

◎陳翠蓮，《百年追求：臺灣民主運動的故事 卷一 自治的夢想》，衛城，二〇一三年。
◎劉恆妏，〈日治與國治政權交替前後台籍法律人之研究——以取得終戰前之日本法曹資格者為中心〉，二〇〇四年。
◎吳豪人，《殖民地的法學者：「現代」樂園的漫遊者群像》。
◎王泰升，〈從日本國立公文書館所藏史料試探日治時期臺灣立法權之運作〉。
◎王泰升，《臺灣法律現代化歷程從「內地延長」到「自主繼受」》。
◎陳翠蓮，《自治之夢：日治時期到二二八的臺灣民主運動》。
◎王泰升，《臺灣法律史概論》。
◎周婉窈，〈臺灣議會設置請願運動再探討〉，《臺灣史料研究》，二〇一一年六月，頁二至三一。

4

那個創立憲法的男人，是孫中山嗎？

作者：王鼎棫

現行《中華民國憲法》，縱留下孫中山理念的痕跡，如五權分立（行政、司法、立法、考試、監察），但歷經大時代的政治角力，仍實質引進了「內閣制」還有「基本人權」等西方國家所擁有的現代制度。不過，這一切仍不敵威權時期的摧殘，足見民主法治的珍貴。

▶重點搶先看

事已至此，可見憲法前言中所謂「依據孫中山先生創立中華民國之遺教……制定本憲法」等用語，只是提示孫中山思想曾有的歷史地位，並沒有把這樣的內容完全植入現行憲法當中；而這部憲法到了臺灣，為何會讓威權政治抬頭，就是另外一個故事了。

【推薦閱讀】

① 戴倫・艾塞默魯、詹姆斯・羅賓森，《自由的窄廊：國家與社會如何決定自由的命運》，衛城出版，二〇二〇年。
② 海瑟・理察遜，《通往自由之路：美國共和黨的理想、墮落，及其如何被保守主義意識形態綁架？》，八旗文化，二〇二〇年。
③ 珍・波本克、弗雷德里克・庫伯，《帝國何以成為帝國：一部關於權力、差異、與互動的全球政治史》，八旗文化，二〇二〇年。

當封建制度結束，後續誕生的民主國家，總希望制定新憲法來終結舊時代，建立以民為主的制度，向過去說再見。而《中華民國憲法》前言也提到：「中華民國國民大會受全體國民之付託，依據孫中山先生創立中華民國之遺教……制定本憲法，頒行全國，永矢咸遵。」

這樣看來，憲法就是按照孫中山的「遺教」所打造；外加許多人從小就被教導，孫中山先生就是所謂的國父。因此，不少人就以為孫中山就是創立憲法的那個人，但實際上是這樣的嗎？

曾融入孫中山思想的《訓政約法》與《五五憲草》

一九二五年三月十二日，孫中山逝世，作為黨內大老，當時的國民黨確實認為孫所遺留思想是非常重要的政治資產，非常希望能具體落實在相關制度中，這在《訓政約法》與《五五憲草》的演變下，都一覽無遺。

就像在一九二八年，以國民黨為主的國民政府率眾完成北伐，革命軍總司令蔣介石即帶領重要文武幹部到北京西山碧雲寺，以「北伐告成，建設伊始，當依遺教，力求貫徹」為主軸，告祭前總理孫中山，也就順勢進入所謂「訓政階段」——進入制憲前的準備階段。

然而，國民黨內的茶壺風暴，也同時悄悄展開。就在同一時間，反蔣人士逐漸集結，以「護黨救國」的口號，在一九三〇年發表聯合宣言：除公開指責蔣中正假託訓政行獨裁之實，更直接挑明應籌開國民會議，制定真正可以「規範國家運作」的基本大法。

面對這樣的抗爭，蔣也只好趕緊釋出願意配合制定基本大法（訓政約法）的善意，來解除那些反對聲音，甚至不惜軟禁那些阻止制定約法的黨國元老。一九三一年，經過一個多月的折衝，草案終於完成通過，並於同年由國民政府公布施行。

這部《中華民國訓政時期約法》全文共八章八十九個條文，採取了孫中山先生在過往著作《建國大綱》中提到的想法——即「訓政階段，由國民黨代替人民來指揮監督國家統治權的行使」。

這樣的內容，除了談不上是控制國家運作的規範，甚至根本正面承認「以黨領政」

的正當性。

如同約法規定，國民政府之主席及委員，由國民黨中央執行委員會選任，約法的解釋權亦由該委員會行使。蔣介石更在《國民政府政治總報告說明》裡提到：「一切權利全操之於中國國民黨，由中國國民黨決定以後，才交由國民政府去施行。沒有一件事情，可以經國民政府自由去行動。」此話充分呈現，政府領導人與國民黨領袖二種身分高度重疊的實況。

不管出於何種漂亮理由，即便透過集權統治可以快速使人民統一，並且面對外侮與內憂時，也能充分利用總體資源，但訓政約法這般的政治體制，徹底與民主政治、以法治國的精神相互違背。這也讓知識分子與反蔣勢力找到許多可以抗爭的理由，不斷催促趕緊「結束訓政、實施憲政」，逼得國民黨領導階層不得不為了鞏固權力，啟動制憲程序，最終也讓《五五憲草》浮上檯面。

而《五五憲草》這個階段，其實是在砲火聲中咬牙度過的。一九三一年「九一八事變」爆發，隔年又爆發「一二八事變」，中國大陸這塊土地面臨了日本軍的侵襲，也讓國民政府除了要解決來自太平洋的「國難」，更要同時處理問題多如牛毛的制憲事宜。

這麼艱難的過程中，一九三三年，孫中山之子孫科被任命為立法院院長，透過立院組織「憲法起草委員會」，在三年多的時光中，八度易稿，最後在一九三六年五月五日呈請國民政府，這就是《五五憲草》稱呼的由來。

縱然《五五憲草》的制定動機，部分是為了安撫反對人士對於集權的不安所創立，但大致上仍持續以孫中山的《建國大綱》為藍本來設計，也讓最大的問題——以黨領政——依舊存在：容易讓行政大權與國家發展，掌握在政黨領袖、即總統一人手上。

這是因為，政府組織除設有行政、立法、司法、考試、監察等五院之外，另外還有「國民大會」與「總統」二個單位。

也就是說，政府雖然由五院組成，但五院之上還有總統，根據孫科對憲草的闡釋：「總統不但為國家的元首，更為行政上實際的首領……總統可以任免（按：行政）院長……行政院長實不啻由總統兼攝」。簡單講，就很像西方主流社會下的「總統制」，只不過這個總統比較奇特的地方在於，不只能任命司法、考試兩院的院長與副院長，還有半數的立法委員（由立院院長推薦），更可以就跨院政務的諮商，召集五院院長共同會商。由此可見，總統不只充分掌握行政權，對其他院更有一定的管控實力。

而國民大會可能對現代人而言比較陌生，它是孫中山獨特的設計，希望透過此一組織，作為人民與政府間的橋梁。所以在《五五憲草》裡，它受領人民的付託，除了可以選舉正副總統、立法與監察兩院院長與委員，更可以罷免正副總統、「立法、監察、考試、司法」各院的院長、副院長與委員，創制或複決法律，還能隨時監督中央政府，必要時甚得修改憲法。

固然，由前述規定看來，國民大會有辦法監督總統，但如果讓某一政黨（如當時的國民黨）掌握國民大會的優勢席次時，自然就很容易因為同黨合作的緣故，架空國民大會的監督權限，也就順勢讓大權在握的政黨領袖即總統，在不受控制的前提下，呼風喚雨。

看到這邊大家應該可以發現，從《訓政約法》到《五五憲草》，都很努力地將孫的思想導入國家組織的設計之中，但實踐的結果卻容易出現一黨專政的陰影。

後來，隨著對日抗戰的局勢逐漸升溫，國民黨在現實上不得不「顧慮」其他政黨的想法，這樣備受批評的《五五憲草》還有作為基礎的「孫的想法」，在二戰之後，自然也在集合各大山頭的「政治協商會議」上，成為首要指名的體檢對象。

架空孫思想、迎接新憲政的政治協商會議

事實上，在政治協商會議之前，已有許多修正《五五憲草》的動作，像是一九三九年張君勱等人即提出「趕緊結束黨治，召集國民大會，制定憲法，施行憲政」的看法，同時也獲得蔣介石的首肯，另外組成「憲政期成會」，對於憲草提出修正。但無奈的是，前述修正案受限於對日戰爭，且蔣介石基於國防最高委員會代表的身分重申「一黨訓政必要性」，讓國民大會遲遲無法召開的前提下，被暫時擱置。

面對戰後全新的政治局勢，尤其是共產黨在戰爭後期聲望不斷崛起，讓國民黨無法再繼續堅持己見——不僅在野政治人物如張君勱再次主張建立民主聯合政府，且建國是否成功取決於國共關係，另美國總統杜魯門也表示國民政府與中共軍隊能停止衝突，由不同黨派的政治分子共同參加全國性會議，使制憲態勢也慢慢走向由「國民黨與共產黨共同協商政權分配」的局面。

一九四五年八月十五日，日本無條件投降，國民政府開始恢復國民大會的選舉事務。一九四六年一月十日，為了協調政權分配，政治協商會議在重慶正式召開，由中國國民黨、中國共產黨、民主同盟、中國青年黨與其他無黨籍人士共三十八位代表組成，更依照討論的議題將成員分組；其中討論憲法草案的組別即針對過往對於《五五憲草》的意見進行檢視，提出《政治協商會議憲草修改原則》，預計彙整成《五五憲草修正案》。

修改原則的重點之一在於，大幅降低孫中山思想的存在感，讓國民大會無形化，削減總統職權，降低了《五五憲草》中傾向總統制的色彩，並強化行政院與立法院的制衡性格，讓它更具有西方國家內閣制的樣貌。

這樣的改觀，也是考量政治協商會議立於妥協立場，使得一向遵奉孫中山思想的國民黨，無法繼續堅持實質內容，只要能夠維繫國民大會與五權憲法的形式外觀；現代歷史學者薛化元即指出這是「偷梁換柱的巧妙手段，保全五權憲法之名，運入英美憲政之實」。

此一同時，如同雷震（政治協商會議的祕書長，後來當了制憲國民大會代表兼副祕書長，穿梭在各大制憲山頭，作為溝通橋梁的要角）在其回憶錄中表示：政協會議之後，即須根據修憲原則來修改《五五憲草》，就是由他特別請「張君勱」先生來起草修正，也就是《政協憲草》的底稿；而這部底稿就成為後來中華民國憲法的原始基礎，這也是後世尊稱張君勱為「中華民國憲法之父」的緣故。

這份底稿從張君勱的著作《中華民國民主憲法十講》可知，與孫的思想已漸行漸遠：「此稿之立腳點在調和中山先生五權憲法與世界民主國家憲法之根本原則；中山先生為民國之創造人，其憲法要義自為吾人所當尊重，然民主國憲法之根本要義，如人民監督政府之責，如政府對議會負責，既為各國所通行之制，吾國自不能自外。」正是明捧孫中山的想法，卻暗以西方政治思想為實際指導方針。

此底稿既讓孫思想名存實亡，可想而知，引起國民黨內部不小的反彈聲浪——無論是對孫文遺教的嚮往或不願吃癟。但時光走至一九四六年十一月，面臨共產黨決心繼續以武力對峙、不願參與後續制憲，民主同盟也認為國民黨主導的「制憲國大」已喪失初衷而退出的緊繃情境，蔣介石為了趕緊透過憲法保有統治上的合法性——不要落入一黨專政的口舌，非常需要青年黨和中國民主社會黨（同年八月由中國民主憲政黨與中國國家社會黨合併而來）等在野黨的支持，決定把這份底稿交由王寵惠與雷震整理，再經由相關人等確認，再給國民大會討論，即《政協會議對五五憲草修正案草案》。

當時的情境，就像雷震在其原著（薛化元主編）《中華民國制憲史：制憲國民大會》所說：「憲法是協商、調和、折衷的產物」，意思猶如法諺所云：「憲法的本質，便是包含在『各種社會力量的相互關係中』」。有趣的是，整理底稿的兩位還不忘抽空一起共度生日，同書提到：「我和王寵惠在山西路新住宅區他的家中，整理了幾個下午。正巧遇到王寵惠過生日，我知道他是喜歡抽菸的，還送了四罐茄力克（按：當時英國高級香菸）給他祝壽。」

一九四六年十一月，當蔣介石把《政協憲草》交由國民大會時，也在演講中重申「孫的思想」被沖淡的事實：「五五憲草是根據國父的五權憲法而制定……五權憲法的精義在於權能分治……目前我國大多數的人民，可以說是都還沒有行使政權的能力和習慣，而在人民不能自己掌握和鞏固政權的時候，要完全幸賴行使治權的人來尊重政權，這究竟是一種非常的冒險，所以我認為五五憲草在今天是不適用的，我非常贊成和擁護今天國民政府所提出的憲法草案。」由此可知，蔣已充分表態不再堅持《五五憲草》，當今我國憲法的內容也不是立基《五五憲草》的設計。

只保有孫思想外觀的《中華民國憲法》

簡單說，《中華民國憲法》本文，只有在外觀上保留孫中山把國家權力劃分給「國民大會、總統、行政、立法、司法、考試、監察」的組織形式，實際上則以《政協憲草》為主，用西方國家的內閣制當作運作基礎。

換句話說，在中央政府的架構裡面，雖仍保有國民大會、總統、還有五院等組織；但孫思想當中最關鍵的國民大會，只留下了「非常態性」的職權，像是選舉或罷免正副總統、複決立院的憲法修正案、修改憲法、領土議決權，還有附條件[26]之創制與複決權，使得國民大會在平常政務中的重要性大幅降低。

雷震在〈中華民國憲法詮真原序〉中也提到：「有人說國民大會是『政權機關』，而立法院和監察院則是『治權機關』，其荒謬無知，簡直令人吃驚。其實，現行『中華民國憲法』，不僅未依照五權憲法的理論來設計，反而是推翻了五權憲法的理論建

26 即全國半數的縣市曾行使創制、複決兩權以後，才能由國民大會制定辦法來行使。

國大綱的規定。」

此外，本來孫的思想強調五院要相互協調、分工合作，但實際的結果是讓行政權分由行政院與考試院行使，立法權讓立法院與監察院行使，從本質上來看，與西方世界的三權分立並沒有太大不同，且行政與立法的互動更傾向內閣制——行政由立法產出，行政向立法負責。

比方說，憲法本文除了規定行政院是最高行政機關，行政院長由總統提名，再經立法院同意而產出外，行政院若對法律案等內容不服提出覆議時，若經立法院多數維持原案，則行政院長即應接收或辭職負責，都可看出行政的存在必須建立在立法的信任之上。

中華民國第一任司法院長王寵惠講得更直白：「蔣先生不要這部憲法，就是因為這部憲法的中央政制是『內閣制』，一切大權在行政院長手裡，總統是一個無權而又無視的英皇，他當年之所以要採用『政協憲草』，原是為時局而不得如此……唯有拉攏青年黨和民社黨來參加，完成制憲工作，以免國民黨單獨制憲，受到國人的批評[27]。」

事已至此，可見現行憲法前言中所謂「依據孫中山先生創立中華民國之遺教……制定本憲法」等用語，只是提示孫中山思想曾有的歷史地位，並沒有把這樣的內容充分植入現行憲法當中；而這部憲法到了臺灣，為何會讓威權政治抬頭，就是另外一個故事了。

講到制憲，還有一個差點開天窗的小插曲。一九四六年十一月十二日，制憲國民大會召開，並於三日後在南京國民大會堂開幕。到會代表共一千五百餘人；而臺灣人民當時則是依照《國民大會代表立法院立法委員選舉補充條例》，補選出李萬居等十七名制憲國民大會代表參與制憲[28]。

27 本段引自雷震在《中華民國制憲史：制憲國民大會》引述王寵惠與其談話的文字。

28 如同李筱峰教授曾在〈中華民國憲法的臺灣成分〉文章中說過：「中華民國憲法的制憲過程中，也有臺灣的代表參加啊！持這種理由的人，其實只是看到事情的表象，而不理解事情背後的歷史縱深。因為，『中華民國憲法』的制訂過程，不只是一九四六年底制憲國民大會期間的短短一個多月的事而已。蔣介石在是年十一月廿八日國大第三次會議中即提到『政府十四年來制訂憲草的經過』；政治學者荊知仁也說：『……制憲大業，艱苦經營者，前後幾達二十年……』可見當前『中華民國憲法』的制訂，有一段相當時間的醞釀期或懷胎期，在這段醞釀期或懷胎期，臺灣很不幸（或說很幸運地）並沒有躬逢其會，因為當時臺灣不屬於中華民國。」

那麼為何要在召開後，多延三天才開幕？雷震在《中華民國制憲史：制憲國民大會》提到：「蓋欲促成共產黨之參加也……到了十一月十四日，不僅共產黨拒絕參加，而中國民社黨雖未拒絕，亦未表示參加，青年黨雖允參加，但以民社黨之參加與否為前提，所以也沒有提出國民大會的代表名單……尤其是負責人蔣中正十分焦急……此時共產黨報紙和其同路報紙都在大力宣傳，說國民黨要唱『獨腳戲』……這種要『孤立』國民黨的政策，猶如今日大陸上的共產政權在世界各地要孤立『中華民國』是同一的用意。」後來，有賴雷震火速來往各地拜訪政黨大老，並想方設法「包機」請在野黨代表整團前往國民大會，才化解這場制憲差點開天窗的危機。

《中華民國憲法》的曇花一現

一九四六年十二月二十五日，國民大會通過《中華民國憲法》，並定於隔年同日實施。究其內容，沒有人會懷疑這部憲法融合了民主、法治與人權的關懷，但這部法一經產出，即面臨夭折的命運。

一九四七年七月，因應國共內戰擴大的局面，國民政府公布《動員戡亂綱要》與《憲政實施綱要》，本來打算一邊戡亂，一邊行憲，可是隨著共產黨逐漸於大局中占上風，這樣的計畫並沒有順利進行。

一九四八年行憲後，第一屆國民大會於南京召開，雖然是要選舉第一任中華民國正副總統，但其中多名國民大會代表即提案，要求制定《動員戡亂時期臨時條款》，賦予總統「在動員戡亂時期，為避免國家或人民遭遇緊急危難，或應付財政經濟上重大變故，得經行政院會議之決議，為緊急處分，不受憲法本文相關制定程序限制」的緊急處分權限，讓總統可以隨時任意行使。

提案代表莫德惠在提案要旨裡說到：「這個提案完全是適應現在國家的需要。因為現在全國同胞都在水深火熱當中，這是奸匪所造成的，我們為要加引戡亂建國工作，必須賦予元首以緊急應變的臨時權限。」

而這樣制定臨時條款的舉動，就像按下了核彈按鈕，配合長久以來由當局自行認定內戰是否結束的做法，也讓這部臨時條款延展了數十年，嚴重扭曲了《中華民國憲法》的存在與設計。

比方說，臨時條款凍結了憲法本文總統連選得連任一次的規定之外，並將動員戡亂時期的終止權交由總統一人獨占，更一反內閣制，不使行政院長作主，改讓總統具有最高的決策權力，既可設置動員戡亂機構，決定動員戡亂大政方針，處理戰地政務，又能對政府的組織與命令增設或調整，不須向民意機關如立法院負責，造成有權無責的政治現實，也讓《中華民國憲法》的美麗綻放，成為了曇花一現，變成「左手頒布，右手撕毀」的結局。

雷震在《中華民國制憲史：制憲國民大會》是這樣評論臨時條款的：「聯合國席次都丟掉了，不僅把大陸丟掉而已也。其中最主要的原因，就是國民黨沒有法治的觀念，而相信人治勝於法治。」

這樣人治勝於法治的思想，也慢慢拉開了後續威權統治的序幕。

全文回顧

中華民國憲法前言提到：依據孫中山先生創立中華民國之遺教，制定本憲法，外加許多人從小就被教導孫中山就是國父，因此不少人就以為他就是創立憲法的那個人。爬梳歷史我們可以發現，其實只有《訓政約法》與《五五憲草》留有較多孫的思想，且這樣的設計也讓國民黨能長期把持「一黨專政」，使其他黨派或有志之士無法接受。正因如此，在後續的政治協商會議中，主流想法便是大幅降低孫思想的存在感，只保有五權憲法的外觀，但實則推出更貼近內閣制為主的《政協憲草》，並成為後來《中華民國憲法》的藍本。可惜的是，憲法雖已產出，但面臨國共內戰失利的局面，國民黨政府選擇用《臨時條款》凍結憲法的適用，也慢慢拉開後續威權統治的序幕。

參考資料

◎林爵士，《中華民國憲政體制演變的歷史考察》，國父紀念館，二〇一七年。
◎曾建元，〈臺灣制憲與中國制憲——啟蒙與歷史的辯證〉，臺灣國際研究季刊，第十五卷第三期，二〇一九年九月。
◎張嘉尹，〈臺灣憲法變遷的憲法學考察〉，臺灣民主季刊，第三卷第三期，二〇〇六年九月。
◎雷震（薛化元主編），《中華民國制憲史：制憲國民大會》，稻鄉，二〇一一年。
◎謝政道，《中華民國修憲史》，二版，揚智，二〇〇七年。
◎薛化元，〈張君勱議會（責任）內閣制主張之研究〉，國立政治大學歷史學報，第十六期，一九九九年五月。

一九四五年十月二十五日，中華民國政府開始接收臺灣，雖然後來制定了《中華民國憲法》，其中包含許多人權保障、權力分立，甚至還有民選議會與大法官針對公權力是否違憲的部分進行審查的規定，但一切的美夢由於政府全面退守臺灣，對臺澎地區開啟了長達三十八年的戒嚴歲月（金馬地區則是四十四年），也讓《中華民國憲法》許多的良好規範，瞬間被特殊體制給雪藏，還有破壞，像是《動員戡亂時期臨時條款》讓總統可以無限延任、《懲戒叛亂條例》與《檢肅匪諜條例》寬鬆的要件，可以讓公權力輕鬆抓人。

充分展現當局統治人民之際，不願受到憲法拘束的決心。

此外，掌權者為了方便鞏固初來乍到的統治，更建立了黨國體制，把所有政務與黨務，全部讓黨政高層能夠一手掌握，並運用前面那些特殊體制，管控人民諸如言論、集會自由，更設立黑名單，不讓人民享有遷徙自由，處罰不聽話的人士，開啟了所謂「白色恐怖」的歲月。連審查是否違憲的大法官都無法置身事外，除絕少否定政治部門的作為，甚至還宣告中央議會暫停選舉也沒有關係，形成「萬年國會」（但仍開放地方選舉，積極攏絡地方勢力，持續鞏固中央對地方的控制）。此一時期的臺灣人民，打從日治以來，同樣對於什麼是權力分立跟基本權利保障，依然沒有任何體悟。

因此，在這個時期的臺灣人，不僅仍不知道憲法的韻味，自由還深深被壓抑。

輯二

壓抑

中華民國在台灣之戒嚴時期

5

看見戒嚴巨靈：黨國體制是怎麼煉成的？

作者：王鼎棫

《中華民國憲法》固然完備，但戒嚴時期的黨國體制更高一丈，讓臺灣陷入了人治的時期。

▶重點搶先看

這當代民主社會難得的景象，可從國民黨在中國的敗北與撤退說起，該黨當時最高領導人蔣介石先生，以撤退到臺灣為契機，痛定思痛反省如何穩固自身的統治權，於是就把矛頭之一指向「黨與政府組織」的鬆散，他逐步收攏各式權力於國民黨內，如此「一條鞭式」領導國家組織的黨國制度，正式敲響了權力分立的喪鐘。

【推薦閱讀】

① 史明，《簡明 臺灣人四百年史 圖文精華版》，前衛，二〇一七年。
② 若林正丈，《臺灣：分裂國家與民主化》，新自然主義，三版，二〇〇九年。
③ 陳翠蓮，《重構二二八：戰後美中體制、中國統治模式與臺灣》，衛城，二〇一七年。

一九四九年的五月，「臺灣省戒嚴令」登場，宣告了長達三十八年的戒嚴。那樣緊縮保守的氛圍，是網路世代的我們，在呼吸自由空氣之餘，一時難以想像的。現在就介紹貫穿其間的「黨國體制」——戒嚴時期的巨靈——威權統治的首要基礎，重現那段自由重重受限的過去。

舊《陸海空軍刑法》第十六條規定：「背叛『黨國』聚眾暴動者，依左列各款處斷……為『逆黨』宣傳，陰謀煽惑民眾者，三年以上、十年以下有期徒刑。」法條中的用詞意味著，除非這裡的「黨」像國歌爭議中，一樣解釋成「我們」，不然二〇〇一年修法前，理應為國家安全奮戰的軍人，卻因上述法律的約束，竟也對特定政黨負有效忠的義務。

這當代民主社會難得的景象，可從國民黨在中國的敗北與撤退說起，該黨當時最高領導人蔣介石先生，以撤退到臺灣為契機，痛定思痛反省如何穩固自身的統治權，於是就把矛頭之一指向「黨與政府組織」的鬆散，他逐步收攏各式權力於國民黨內，如此「一條鞭式」領導國家組織的黨國制度，正式敲響了權力分立的喪鐘。

蔣介石本人在一九五〇年的《總裁對於本黨改造之訓示》說道：

我們不能容許過去招致大陸淪亡的一切觀念行為和作風，用到臺灣來，瓦解我中華民國最後的堡壘，使其重踏大陸各省的覆轍……而唯一可循的途徑，就是擺脫派系傾軋的漩渦，滌除人士糾紛的積習，已從新做起的決心，改造本黨。

就像松田康博先生在《臺灣一黨獨裁體制的建立》書中所分析：這樣的宣言，如同全權委託書，要求將黨的人事改造與實際改革全部委託給蔣本人，而後來的黨與政府組織，也形同提供蔣決策建言的幕僚機構，並非進行民主決策的合議機關。蔣本人最終毋寧是高於一切，不受任何正式規則拘束的獨裁領袖。於是蔣有了下列安排。

集「政、軍、特、法」於一身

首先，制定《動員戡亂時期臨時條款》，以「戡共匪之亂」、「維法統之穩」之名，增添了許多太上條款，架空既有的憲法，讓後者幾乎喪失箝制公權力暴衝的能力。像是「動員戡亂時期，總統副總統得連選連任，不受憲法第四十七條連任一次之限制」，可說是為當權者開啟永久在位的綠燈。

另外，同條款也提到：「授權總統得設置動員戡亂機構，決定動員戡亂有關大政方針，並處理戰地政務。」「為避免國家或人民遭遇緊急危難，或應付財政經濟上重大變故，得經行政院會議之決議，為緊急處分。」在在都幫蔣強化總統職務上的權柄。

而為了掌控一般政務，雖表面上仍尊重國家各機關自主運作，但實際上透過黨對公權力滲透，得以監督並指導政治部門的運作，再加上「政、軍、特」的重要菁英，幾乎都是黨員甚至蔣的親信，除得到最高領袖的信任與授權，也受到特務機關的監視，鮮少人會徹底反對黨的主張。

後來，蔣在國民黨內設立中央常務委員會（簡稱中常會），方便將其指示，交由政府辦理各項政策與人事案。到了蔣經國先生執政時期，更在召開行政院院會的星期四之前，於星期三召開中常會；這樣的中常會則有「會前會」的意味，愈加彰顯「以黨領政」的風氣。

至於立法院或國民大會的制衡力量，也因國會無法改選——萬年國會的誕生——而式微。這是由於蔣聲稱要反攻大陸，並要把相關制度原封不動地搬回中國，然而從大陸地區撤退到臺灣地區後，對岸已非政府實際所能統治的範圍，因此陷入無法從對岸選出新的議員，想要避免失去代表性，卻難以面對本土進行改選的窘境。

面對此一窘境，被期盼作為「憲法守護者」的大法官，則以司法院釋字第三一號默許這樣的狀況，其表示：任期到了，本應改選；然若國家發生重大變故，事實上無法辦理，至少立法及監察院職權不該停頓，是宜由原代表繼續行使職權為當。（更多過往大法官無法捍衛人權的事跡，請參見本書第6篇）

至於國代部分，憲法雖規定任期只有六年，但行政院認為：憲法既另外規定「每屆國民大會代表的任期，至次屆開會為止」，所以只要永遠以「第一屆」為名，就算六年屆至，仍然可以行使職權，就不用例外辦理選舉。回顧萬年國會的存在，植基於法統的維繫，與蔣介石本人目標一致，自然讓議員與最高領導之間，發展成一種共生關係，像是前面說到：憲法雖然禁止總統連任兩次，但是國民大會卻也可以為了蔣修改臨時條款；而透過萬年國會的持續運作，諸位代表們也可以坐享權力與薪餉。

最後，軍隊的力量對於國民黨的威權統治，也是一根極為重要的支柱。比方說一九四七年二二八事件後，軍隊成為對內威嚇臺灣人民的主要工具；一九四九年國民黨遷臺後，也成為對外制止共軍侵臺的後盾。不過，軍隊是怎麼逐漸被蔣所把持的呢？

一九三三年起，蔣介石即開始不斷在各種軍事訓練中宣揚「信仰統帥」的思想，像是他曾說：「就全部革命軍而言，我蔣委員長就是一個頭腦，如果你們不信仰我使得全軍頭腦沒有，那麼無論手足怎麼有用也不能作用！」

除了效忠意識的渲染，也透過「政工制度」對軍隊各個層級進行鞏固。也就是說，在軍官指揮的領導體系外，外加「政工幹部」以幕僚長或政戰主管的身分輔佐軍官。因政工幹部有權向上級舉報部隊違法犯紀的狀況，部隊人人的一舉一動都受到高度監控，可說是投鼠忌器，於是軍人慢慢開始對國民黨的指揮言聽計從。

而繁雜的特務工作，初期則由蔣介石先生設立的政治行動委員會，召集了國防部保密局（現軍事情報局）、內政部調查局（現法務部調查局）及臺灣省保安司令部（後臺灣警備總司令部，俗稱警總）共同組成，藉以串聯各種情治單位，有效蒐集各方情報，即時監視、逮捕或拘禁遊走體制內外的反對者。

恐懼統治與隨時被調整的司法判決

當權者在統整「一條鞭式」的領導中心後，隨之而來的是壓迫基本人權，透過高張力的治安體制，藉此整肅異己的趨勢。第一波當然是戒嚴法，與之後的戒嚴令。

一九四九年五月十九日，兼任臺灣省政府主席、臺灣省警備總司令部總司令的陳誠，公布《臺灣省警備總司令部佈告戒字第一號》。本戒嚴令大幅限縮人民各種自由，包括嚴禁聚眾集會、罷工、罷課及遊行請願等行動，嚴禁以文字標語或其他方法散布謠言，而且無論家居外出，人民皆須隨身攜帶身分證以備檢查，否則一律拘捕。種種行徑等同剝奪人民遷徙、集會遊行與暢所欲言的權利。

而一九四九年制定的《懲治叛亂條例》，更是製造白色恐怖的關鍵法令。

總的來說，觸犯該條例的，如果是軍人，固然由軍事機關審判，但如果不是軍人，卻在戒嚴區域犯法的話，不論身分，仍應由軍事機關來審判；搭配前述戒嚴令的蔓延效果，異議人士往往受到軍事法庭火速且嚴厲的刑罰。

該條例的存在讓許多政治行為備受限制，異議人士常被安織罪名如：顛覆政府、參加叛亂組織或集會、以文字圖書演說作有利於叛徒之宣傳、為叛徒徵募財物或供給金錢資產、包庇或藏匿叛徒、明知為匪諜而不告密檢舉或縱容等。假如將現今網友們在社群平台上發表的時事評論放在當年，幾乎沒人能逃過前述罪名網羅。如此對言論全面扼殺，讓當時的人們普遍對政治議題噤若寒蟬。

針對政治案件的處罰，除死刑、無期徒刑與有期徒刑等主刑，更有感化教育（俗稱思想改造）、實質等同「抄家」的「沒收財產」；再搭配《戡亂時期檢肅匪諜條例》使《懲治叛亂條例》所稱叛徒，或與叛徒通謀勾結之人，都被認作匪諜，並進一步授權治安機關，隨時得逮捕匪諜，或對其實施身體或住宅等檢查。此外，更允許檢舉人就前述破獲的匪諜案件，共同分配被沒收的財產，等同鼓勵密報，也就更加確保反動思想難以蔓延了。

面對人權爭議，我們常說「司法是法治的最後一道防線」，但戒嚴時期的法院卻沒有發揮太多制衡作用。

由於實施戒嚴令的緣故，不少案件都劃歸軍事審判，而一九五六年的《軍事審判法》第一三三條是這樣規定的：一般判決由該管軍事審判機關長官核定，最高軍事審判機關高等覆判庭的判決，由總統核定。而核定判決時，如認判決的內容不妥，應發交覆議，不得逕為變更原判決之核定；發交覆議，以一次為限，且覆議結果不論變更或維持原判決，應照覆議後之判決予以核定。

也就是說，在政治案件最多的一九五〇年代，當軍事法庭判決之後，必須由臺灣省保安司令部的司令上簽呈給長官核定，再經過國防部的長官（主要是國防部長與參謀總長）與總統府的長官（主要是祕書長與參軍長）核閱。在這過程中，這些長官們（尤其是參謀總長與參軍長）多會加註自己的建議，上呈讓總統作最後核定。

所以一九六〇年十月八日，知名的「雷震案」——曾經是制憲時期大放異彩的副祕書長，後續許多異議，包括經營雜誌《自由中國》經常批判時事，不見容當局——宣判前夕，蔣介石先生便事先召開會議作出「雷之刑期不得少於十年」的指示，讓行政權大開大放地指導司法裁判，並多次在判決簽呈上直接更改刑期，例如在「各判有期徒刑十年」的「十」與「年」之間，用毛筆畫下斜線，加上「五」字並用印確認。

「法官依法獨立審判」的概念，雖早已是當時普世價值，也經我國憲法所明定，然既遭凍結，面對種種「行政公然介入司法」的手法，不免徒呼負負。

更何況，依照前述，上級官員並無任何法律依據，可以直接針對判決加刑。請再看一次一九五六年《軍事審判法》第一三三條的規定：「核定判決時，如認判決不當或違背法令，應發交覆議，不得逕為變更原判決之核定」。因此，審判流程中，任何官員直接在簽呈上加刑的處置，一九五六年之前固然依法無據，但在一九五六年之後卻是公然違法。不過在威權時期，這可能也算不了什麼。

解放威權幽靈，對歷史教訓保持警惕

解嚴迄今已三十餘年了，由於戒嚴期間不斷弱化本土領導階層，並加深人民對統治的恐懼，使得大眾認定政治非常危險，在反抗無用的心情之下，只好選擇退出關心政治。更在不信任彼此的氛圍下，讓每人「心中的小警總」不斷茁壯，進而學會自我審查、自我約束。

於是，在臺灣人的日常生活中，仍舊充滿著威權政治的各種遺緒，不管是公共廣場或各級學校，不時可見當年獨裁者的銅像聳立其中，選舉期間也常看到候選人出來歌頌獨裁者的種種事跡，甚至還仿照辦理。

面對歷史教訓，沒有人想重蹈覆轍讓極權主義再起，但那對權力集中的渴望，就像沉浮海上朦朧看見的精靈一般，聲聲招喚執政者往觸礁的航路上前進，身處同艘船上的我們，若預見了船的未來，怎能不適時出手阻止？

對過往保持敏感，可對照納粹時期飽受爭議的公法學者卡爾・施密特（Carl Schmitt）所說：摧毀一切規則的方法就是將重點放在「例外」這個概念上；也就是說，神不知鬼不覺地將例外狀態變為常態的規範秩序，如此人民便會為了虛假的安全放棄真實的自由。這是我們面向未來——無論是為了疫情管制、主權議題或其他容易引發恐懼的事物——都應心存警惕的地方。

全文回顧

一九八七年七月十五日，距今三十多年前，我們結束了長達三十八年的戒嚴。貫穿其間的「黨國體制」——戒嚴時期的巨靈，是威權統治的首要基礎。像是設計「政、軍、特、法」於一身的集權體制，還有透過嚴刑峻法，實施恐懼統治，再經由軍事審判的高度介入，確保對象受到該有的整肅。而這巨靈的形成，給我們最好的啟示就是：對過往保持敏感，注意人民會為了虛假的安全放棄真實的自由，無論未來是疫情還是主權議題，都應心存警惕。

參考資料

◎松田康博，《臺灣一黨獨裁體制的建立》，政大出版社，二〇一九年。

◎薛化元、楊秀菁、蘇瑞鏘，《戰後臺灣人權發展史（1945-2000）》，稻鄉，二〇一五年。

◎蘇瑞鏘，〈從雷震案看戒嚴時期政治案件的法律處置對人權的侵害〉，國史館學術集刊，第十五期，二〇〇八年三月。

◎提摩希．史奈德，《暴政：掌控關鍵年代的獨裁風潮，洞悉時代之惡的20堂課》，聯經，二〇一九年。

6

大法官，那些戒嚴時代的「威權守護者」

作者：劉珞亦

應是保障人民基本權利的大法官，卻成為威權的助拳，這些事情，儘管慢慢在人民視野中淡忘，但它不應該被遺忘。

重點搶先看

本應保障人權的大法官，卻成為威權體制的守護者，因此而受害的人該怎麼辦？其他臺灣人民該坐視不管嗎？自一九四五年以來，從二二八事件到一連串的白色恐怖冤錯假案，我們有好多好多的受害者，可是，加害者呢？誰要為這些事情負起最大的責任？

雖然政府陸續做了部分的真相調查以及補償（非賠償）措施，但是對於加害者的容貌，卻是永遠那麼模糊。其實，從過去留下的各種判決紀錄中，我們明明知道那些司法體系的加害者姓名，但我們卻不知道這些加害者他們現在在哪？有沒有道歉？有沒有對於過去所做的事情有所交代？他們對於過去的行為有沒有悔悟？這些問題，我們全部沒有答案。

【推薦閱讀】

① 布萊恩・史蒂文森，《不完美的正義：司法審判中的苦難與救贖》，麥田，二〇二〇年。
② 奧比・薩克思，《斷臂上的花朵：從囚徒到大法官，用一生開創全球憲法典範》，麥田，二〇二〇年。
③ 臺灣民間真相與和解促進會，《記憶與遺忘的鬥爭：臺灣轉型正義階段報告》（三冊套書），衛城出版，二〇一五年。

大法官，理論上是「民主的底線」、「憲法的守護者」，應該在國家機器違反憲法時，保護人民避免被國家侵害。但在威權時期，讓我們回到七十年前的臺灣，這群守護者所保衛的對象，恐怕跟大家想像的不太一樣。

接下來要用比較生活化的角度，引導讀者先想像一下：你現在是個十三歲的少年A。十三歲，大約是國二的年紀，是一個你身旁朋友做什麼你也會跟著做的年紀。當朋友流行玩什麼時，沒有玩就是一件很遜的事情，當朋友都加入籃球隊或是棒球隊時，沒有參加一個社團就是一件很不潮的事。所以當你十三歲，看到你身旁朋友都加入某個團體時，一起加入就成為彼此友情的一種「儀式」，哪怕那個「加入」，是未經思考的，甚至不是自己選擇的。

你能想像嗎？回到戒嚴時代，A可能就會因為三十年前曾加入某個兒童團，哪怕當年只有十三歲，卻成為後來你被判死刑的依據。

隨意要你死的《懲治叛亂條例》

一九四九年政府頒布《懲治叛亂條例》，其中第五條這樣規定：「參加叛亂之組織或集會者，處無期徒刑或十年以上有期徒刑。」也就是說，你只被認定參加「叛亂組織」（像是讀書會），你就有可能被判無期徒刑。

這還不打緊，如果你又曾有「顛覆政府」的言行，本來按照《刑法》第一百條當時的規定是：「意圖破壞國體、竊據國土，或以非法之方法變更國憲、顛覆政府，而著手實行者，處七年以上有期徒刑；首謀者處無期徒刑。預備或陰謀犯前項之罪者，處六月以上、五年以下有期徒刑。」所以你有可能會被判七年以上，或是無期徒刑。

但由於《刑法》是「普通法」，而《懲治叛亂條例》是「特別法」，而特別法優先適用。假設你原本犯了《刑法》第一百條的規定，但現在通通改適用《懲治叛亂條例》，也就是說，你會直接適用當時最有名的「二條一」——《懲治叛亂條例》第二條第一項：「犯刑法第一百條第一項、第一〇一條第一項、第一〇三條第一項、第一〇四條第一項之罪者，處死刑。」翻譯成白話文，就是只要你犯了上述的罪，通通從本來的有期徒刑或無期徒刑，一律改為「唯一死刑」。

大法官出手替威權助拳？

當時法院的SOP是這樣的，如果你被認定是「叛亂組織」的成員，又被抓到你有顛覆政府的「言行」（像是閱讀馬克思的《資本論》），就可以依《懲治叛亂條例》第二條第一項判處死刑。

曾有一群像前述A一樣的十三歲少年，在中國加入了所謂的「共產黨兒童團」，後來還是少年時就隨著中國國民黨逃亡來台，自然也無法繼續參與該組織的活動。幾十年後，當初這些少年被認為是「共匪」，因為當時國防部認為，只要曾經參加過「共產黨兒童團」的人，反正他們都是共匪，都參與「叛亂組織」，應該要通通抓起來。但監察院覺得有問題，認為法律不能夠這樣用，因此向大法官請求說明，希望大法官好好解釋法律。

一九五六年，大法官們在釋字六八號解釋說：「只要你沒有自首，或只要沒有證據顯示你沒有繼續參加，就當作你有繼續參加了喔！所以就算是法律後來才制定，但是你有『繼續』參加下去呀！所以你在修法之後，還是維持不法的狀態，這當然算是犯罪喔！[29]」

《刑法》的使用，必須嚴守「無罪推定原則」，如果沒有事實顯示你有犯罪，就是無罪，但是一九五六年的九位大法官（王寵惠、胡伯岳、蘇希洵、王風雄、何蔚、徐步垣、曾劭勳、韓駿傑、蔡章麟）卻認為「只要你沒有證據顯示脫離叛亂組織」就說你有犯罪的意思。翻譯成白話文，只要你沒有辦法證明你沒有做，就是有做。

這個解釋在釋憲史上最為惡名昭彰，因為這種解釋方式根本就是「有罪推定」！

如果你是A，這時候你已經覺得很不爽了：「我要怎麼證明我沒參加叛亂組織？我就根本沒有參加啊！」（按：所以當時有不少被告在後來表示，自己從來都沒有參與，第一次參與叛亂組織就是在檢察官偵查的時候，因為被威脅和刑求……）好，沒關係，

29 司法院釋字六八號：「凡曾參加叛亂組織者，在未經自首或有其他事實證明其確已脫離組織以前，自應認為係繼續參加。如其於民國三十八年六月二十一日懲治叛亂條例施行後仍在繼續狀態中，則因法律之變更並不在行為之後，自無刑法第二條之適用。至罪犯赦免減刑令原以民國三十五年十二月三十一日以前之犯罪為限，如在以後仍在繼續犯罪中即不能援用。」

至少《刑法》有規定，未滿十四歲的犯罪行為，不會成罪，就算我在十三歲時參與所謂的叛亂組織，後來也沒有繼續參加，這樣我也不算犯罪吧？

這時，大法官們又替威權作出一個解釋

若少年們是十三歲時參與「叛亂組織」的，後來也沒再參與，按照《刑法》的規定，應該不能處罰十四歲以下的行為吧？

一九七〇年，大法官在釋字一二九號解釋中[30]，卻這樣說：「我知道刑法有規定十四歲以下不算犯罪，但你十三歲加入叛亂組織，然後到了十四歲，到了十五歲，只要你沒有自首，沒有證據顯示你退出，你就算是有加入叛亂組織，就是有罪！」

彼時，雖然有一位林紀東大法官[31]反對這樣的解釋，說「十四歲前根本什麼都不

30 司法院釋字一二九號：「未滿十四歲人參加叛亂組織，於滿十四歲時，尚未經自首，亦無其他事實證明其確已脫離者，自應負刑事責任。本院釋字第六十八號解釋並應有其適用。」

31 根據目前揭露的資料，林紀東大法官在有一些釋字裡面，展現出自己的掙扎。

知道，不會有『故意』參與叛亂組織的可能性，就不是犯罪！既然一開始不是犯罪，那後面就不能算是有繼續性的違反行為！」但在其他十三位大法官（謝冠生、胡伯岳、景佐綱、黃演渥、金世鼎、曾繁康、王之倧、洪應灶、黃亮、歐陽經宇、管歐、李學燈、張金蘭）支持的情況下，也只能留下不同意見書，供後世評斷。

如果你是被判定有罪的A，你可能會在心裡這樣想：「我不過年幼無知加入這個組織，甚至根本不是我心甘情願加入的，這樣也算有罪？不過就算大法官這樣解釋法律，還是得由一般法院的法官來實際判刑，應該可以還我清白吧？我既然沒做，有什麼好怕。」

但在戒嚴時期，如同本書第5篇所述，你很有可能被交給軍事審判的「軍法官」來審理你的案子。軍事審判和一般審判的差異，簡單來說就是軍事審判的人權保障比較差，程序上對於人民保障程度也比較低，甚至軍事審判的主管機關是屬於行政權的國防部，而不是司法院，更證明軍事審判的目的似乎不是為了獨立審判，而是服從命令。那麼，到底要交給一般審判或軍事審判，這個問題又再丟給了大法官們。

一九五八年，大法官們在釋字八〇號解釋，這樣說：「在戒嚴的地方參加叛亂組織，或是有沒有繼續參加，都是交由軍事審判來處理喔！[32]」所以，活在戒嚴時期的A，最後將遭到軍事法院審判。完全無視於憲法第九條規定：「人民除現役軍人外，不受軍事審判。」

如此說來，如果你是A，十三歲時曾參加過後來被認定為「叛亂組織」的團體，往後就再也沒參與過，只是沒去自首，但在三十年後，還是得為少年時的行為被打入黑牢。而號稱正義的「司法制度」不僅沒有救濟你，「憲法的守護者」大法官們還更加鞏固了殺人制度。要是A的家中被搜出有閱讀「左翼」書籍，成了具體的「顛覆政府言行」證據，更有可能落入前面提到的「二條一」，唯一死刑。

而這些A，正是臺灣人民在戒嚴時代的縮影，被理應守護人權的「憲法守護者」大法官們，推向行刑場，一去不返。原本該作為「憲法守護者」的大法官，在戒嚴時代卻淪為獨裁者的劊子手。但，究竟是什麼時代背景讓大法官徹底「轉職」？不需要

32 司法院釋字八〇號：「參加叛亂組織案件，在戒嚴地域犯之者，依懲治叛亂條例第十條後段之規定，既不論身分概由軍事機關審判，則有無參加叛亂組織及是否繼續之事實，均應由有權審判之軍事機關認定之。」

對人民負責的大法官又會造成什麼後果？

為什麼戒嚴時代的大法官無法挺住？

大法官作為民主的底線，本來是要在各種國家機關違反憲法時，大聲地說出來，做憲法的守護者，保護人民不被國家侵害，維護自由民主的體制。而這些戒嚴時代理當作為「憲法守護者」的人，在碰上這些法律問題時，卻無法挺住法學理論，去面對那些有爭議的法條。

這可以從戒嚴時代，大法官被挑選的方式說起。[33]

那麼戒嚴時代的大法官又是怎麼選出來的呢？依據憲法本文，過去的大法官人選

33 至於現在的大法官如何被挑選？首先你必須要有幾種身分，如：擔任法官或檢察官十五年、律師二十五年、教授十二年且有相關著作、曾擔任國際法庭法官或是學術機關從事公法學或比較法學之研究、研究法學，富有政治經驗。除了達到上述至少其中一項，也必須要有「聲譽卓著」。符合以上的資歷，你才有可能被「總統」提名。「被提名」之後，你還必須要通過代表民意的「立法院」多數同意，才能獲選為大法官。所以現代對於大法官的品質，在行政部門的提名、立法部門的監督下，至少可以保持一定的品質。

也是總統提名，但是由「監察院」的監察委員同意通過。當時這些監察委員也是民選的，但與現在的民選立法委員不同的是，這些監委是由全「中國」各議會以及華僑團體選出來的。因此在當時民主制度尚未成熟的臺灣，殊難想像能選出有監督力道的監察委員，也因此造就當初選出來的大法官，多半和黨國體制關係良好。

憲法本文第九十一條（現已被凍結）：「監察院設監察委員，由各省市議會，蒙古西藏地方議會及華僑團體選舉之。其名額分配，依左列之規定：一、每省五人。二、每直轄市二人。三、蒙古各盟旗共八人。四、西藏八人。五、僑居國外之國民八人。」而當時臺灣的代表只有五個人，其中一個就是著名反清人士丘逢甲的兒子丘念台。

更可怕的是，第一屆監察委員在一九四七年選出來後，因為中國國民黨政府戰敗來到臺灣，所以一直到一九九一年憲法增修條文修正前，都沒有重選，沒有民意背書。這也代表在一九九一年前，三百多號的大法官釋字，都是由同一批監察委員選出來的大法官完成。

這也告訴我們，同一批人選出來的大法官，政治立場和意識形態大多雷同，甚至有的大法官背景，源自國民黨特務系統。這種缺乏監督制衡的體系，可以想見早期的大法官，相當缺乏捍衛人權的價值。比方說，在一九四三年司法官訓練所被撤後，司法人員的「訓練」，改由國民黨中央政治學校辦理，所以當時可以由政府函轉司法官辦理考試，讓黨務人員於考試及格後，分發司法工作，例如第二、三屆的大法官王之倧就是如此。

依靠黨國庇護，法律解釋令人瞠目結舌

大法官存在的意義，其實本身就是「抗民主」的。因為少少幾位大法官，可以否定國會的立法，這樣的艱困情境，被稱為「抗多數困境」。這樣的機制是為了保護人權，因為在三權分立制度下，國家的規則由立法產出，但是「多數」也有可能會出現錯誤，這時候大法官就要扮演「煞車」的腳色。舉例來說，釋字七五六號解釋，大法官們告訴大家「受刑人也應該享有言論自由的保障」，但如以多數民意決定，可能會得到「應對於受刑人言論自由嚴格限制」的答案。這種透過大法官釋憲保障人權的方式，就是避免以多數意見為主的國會侵害人權，也凸顯出大法官在民主社會的可貴。

在過去的大法官遴選制度下，容易產出黨國裙帶關係的維護者，進而讓大法官成為「侵奪人權制度」的守護者。例如曾被選為第四屆大法官的張劍寒就說過：「若能利用憲法之解釋，或憲政例規之創建，以配合戰時政治之需要，因應國是之急切需求，達成救亡圖存的目的，為了國家之存在，為了人民之幸福，只要有必要，可以犧牲一切，必要之前無法律。」

也就是說，「憲法解釋」可以是為了「戰時政治」而服務的，必要時可以犧牲人民權利。若連當時能獲選為大法官的人都有這樣的想法，一開始所提到那樣的可怕法律解釋，看起來也就不意外了。因此，已故的法學泰斗林山田教授說，在過去國民黨一黨專政的操控下，可以任命配合統治集團的大法官，結果就是有可能會踐踏民主。而曾經擔任過司法院院長的翁岳生大法官也認為，戒嚴時代的大法官對於違憲行為的不解釋，甚至遷就現實，始終不願意確認政府的違憲行為或是宣布其無效，這種態度不能稱是維護憲政體系。

本應保障人權的大法官，卻成為威權體制的守護者，因此而受害的人該怎麼辦？其他臺灣人民該坐視不管嗎？自一九四五年以來，從二二八事件到一連串的白色恐怖冤錯假案，我們有好多好多的受害者，可是，加害者呢？誰要為這些事情負起最大的責任？

雖然政府陸續做了部分的真相調查以及補償（非賠償）措施，但是對於加害者的容貌，卻是永遠那麼模糊。其實，從過去留下的各種判決紀錄中，我們明明知道那些司法體系的加害者姓名，但我們卻不知道這些加害者他們現在在哪？有沒有道歉？有沒有對於過去所做的事情有所交代？他們對於過去的行為有沒有悔悟？這些問題，我們全部沒有答案。

二〇二〇年，促進轉型正義委員會所舉辦的「大法官與轉型正義：從九份解釋談起」研討會中，公布相當多的史料，我們可以看到有些大法官直接明白表示總裁（按：這裡的總裁，就是指蔣介石）的手令怎麼指示，必須要遵守該意見；但也有大法官在審查的過程中，展現出自己的掙扎，雖然有妥協，但也試著盡力在意見書中，表達自己對多數意見的不滿。

至於做出這幾號惡名昭彰解釋的大法官，已經通通去世了，我們或許永遠不知道他們當初如何討論，也無法向他們追究，更難以向他們尋求真相，詢問他們到底當時為何做出這樣的法律解釋。解嚴已逾三十年，但仍有過去擔當威權守護者的司法人員繼續在司法體系內任職，就算不去追究，難道我們不該向他們問問，為何在那個年代要當「威權守護者」嗎？

全文回顧

臺灣最可怕的法律叫作《懲治叛亂條例》，只要涉及政府不喜歡的思想，就有可能被判「唯一死刑」，然而在這樣的情況下，應該是要保障人民權利的大法官，卻沒有做出符合自由民主憲政秩序的解釋，反而替這樣可怕的法條助拳，也讓人思考，究竟司法的轉型正義在哪裡？

參考資料

◎林山田，《五十年來的臺灣法制1945-1995》，頁七七至八二。
◎林孟皇，《轉型正義與司法改革》，元照出版，二〇一五年十一月，頁三一七至三一八，頁三四三至三四四。
◎洪淑華，《臺灣戒嚴時期大法官釋憲與人權發展》，政治大學歷史研究所，碩士論文，頁一四二。
◎翁岳生，〈憲法之維護者〉，《憲政思潮》十七期（民國六十一年一月），頁一四六至一四八。
◎臺灣民間真相與和解促進會，《臺灣轉型正義階段報告：卷三面對未竟之業》，〈第十章 戒嚴時期法律體系的未解難題與責任追究〉，黃丞儀，頁三四至四五。
◎臺灣民間真相與和解促進會，《臺灣轉型正義階段報告：卷二記憶歷史傷痕》，〈聯合國處理轉型正義的原則〉，陳俊宏，頁一四三至一六〇。

7

黑名單裡，那些回不了家的臺灣人

作者：雅豐斯 Aris

人民為構成國家要素之一，國家不得將國民排斥於國家疆域之外，惟為維護國家安全及社會秩序，人民入出境之權利，並非不得限制，但須符合憲法第二十三條之比例原則，並以法律定之。

重點搶先看

據說當年政府派了很多人在海外從事監視工作，例如在日本的獨臺會（史明），以及在美國的臺獨聯盟（郭倍宏、李應元）都是長期被情治人員監視的對象。他們的一舉一動以及所有會面往來的對象，通通都會被記錄下來並且向上通報。「若是不想被警總抓去關，有兩件事情絕對不能做：去美國，絕對不能加入臺獨聯盟；去日本，絕對不能去見史明！」

【推薦閱讀】

① 邱萬興，《臺灣民主印象：邱萬興攝影集 1986-2016》，典藏文創，二〇一九年。

② 薛化元、蘇瑞鏘、楊秀菁，《戰後臺灣人權發展史》，稻鄉，二〇一五年。

③ 陳培豐，《歌唱臺灣：連續殖民下臺語歌曲的變遷》，衛城，二〇二〇年。

黑名單與美味拉麵

雖然憲法第十條保障人民擁有居住及遷徙之自由，但在威權時期，曾經有一群人，只要一聽到臺語老歌〈黃昏的故鄉〉就會掉眼淚，因為他們被迫流亡海外、有家歸不得，必須四處躲藏或被長期監視，他們是一群名列「黑名單」的人。

在眾多黑名單的故事中，本文想從臺灣第一部政治職人影集《國際橋牌社》談起。它的故事背景設定在一九九〇年至一九九四年的臺灣社會，內容描述臺灣解嚴後歷經「寧靜革命」、逐步民主化的過程。該劇的主題曲，由知名樂團滅火器所演唱的〈無名英雄〉，歌詞中最後一句怒喊：「Let me stand up like a Taiwanese」，即與某份黑名單有密切關係。

在以真實歷史「獨臺會案」為藍本改編的故事中，簡正仁和蔡偉明（劇中角色化名）赴日本拜訪史明先生，並利用大學社團臺灣文化研究社成立讀書會，研讀《臺灣人四百年史》。

一日，兩人在離開學長開設的「阿偉的店」後，續攤到麵攤吃麵。吃著味道清淡的陽春麵，簡正仁突然有感而發：「好懷念日本的拉麵喔！」蔡偉明問：「你是說，日本池袋西口街角的新珍味拉麵嗎？」簡正仁點頭稱是，蔡偉明則笑他想念的應該不是拉麵，而是史明歐吉桑。簡正仁大方承認，並表示：「他那麼為臺灣付出，然後現在卻是黑名單？」不料蔡偉明一聽到「關鍵字」，立刻「噓」了一聲，要簡正仁小心一點。兩人接著又聊起社團活動要讀《臺灣人四百年史》的第六章臺灣革命運動，還有多少人會來參加等等，完全沒發現特務就坐在他們旁邊……

之後，警調大動作闖進校園拘提簡正仁和蔡偉明，此舉引起輿論一陣譁然，各大學社團立刻動員學生前往中正紀念堂前面靜坐，抗議白色恐怖進入校園，並主張讀書無罪，要求無罪釋放簡、蔡兩人。同一時間，在偵訊室裡，調查員告知蔡偉明其所觸犯的法律是（本書一再提及俗稱「二條一」的）《懲治叛亂條例》第二條第一項，將處唯一死刑。氣得蔡偉明忍不住反問調查官：「研究臺灣的歷史、了解臺灣的歷史，錯了嗎？」

「黑名單」的全名為「中央政府遷臺後對政治異議人士採取不予核發簽證或禁止入境措施的管制人員名單[34]」，當年凡是主張臺獨、保釣運動左派或只是單純參與臺灣同鄉會活動的人，都可能被列入黑名單。不過政府始終否認它的存在，而官員們在面對立委質詢時，多以「列註名單」或「列註人員名單」含糊回應，但其內容、執行方式與標準，外界均不得而知。

大家只知道，列名於黑名單上的異議人士若護照到期失效，一律不准返臺加簽，因而造成許多海外臺灣人淪為無國籍者，或被迫取得他國國籍或難民證；有些人雖然沒有被註銷護照或禁止入境，卻受到長期騷擾與監視。

34 黑名單的法律依據為一九八七年制定的《動員戡亂時期國家安全法》。根據該法第二條第一項規定：「人民集會、結社，不得違背憲法或主張共產主義，或主張分裂國土。」第三條規定：「（第一項）人民入出境，應向內政部警政署入出境管理局申請許可。未經許可者，不得入出境。（第二項）人民申請入出境有左列情形之一者，得不予許可：一、經判處有期徒刑以上之刑確定尚未執行或執行未畢，或因案通緝中，或經司法或軍法機關限制出境者。二、有事實足認為有妨害國家安全或社會安定之重大嫌疑者。三、依其他法律限制或禁止入出境者。」

一九九一年五月一日，在廢止《動員戡亂時期臨時條款》後，行政院院長郝柏村在八日邀集安全局、境管局等相關人員就「黑名單」解禁一事進行研商，並將結論簽報給總統李登輝核示。該份簽呈中，記載黑名單的內容與執法方式：「在臺灣地區原設有戶籍，並持有中華民國護照之海外國人，未曾從事恐怖或暴力活動者得憑中華民國護照申請進入臺灣地區。來臺後應遵守中華民國之法令，如有違反者，應由有關機關依法處理。境管局即據此依照國安法及其施行細則第二十二條之規定，對在臺原有戶籍之海外政治異議人士經審核後，本於行政裁量權限核准入境。」

簡單講就是，海外國人能否入境是由境管局決定，只要曾從事恐怖或暴力活動就不能入境。

但境管局又是如何得知海外國人的一舉一動呢？據說當年政府派了很多人在海外從事監視工作，例如在日本的獨臺會（史明），以及在美國的臺獨聯盟（郭倍宏、李應元）都是長期被情治人員監視的對象。他們的一舉一動以及所有會面往來的對象，通通都會被記錄下來並且向上通報。知名美術設計及攝影師邱萬興先生，曾親口告訴筆者：「若是不想被警總抓去關，有兩件事情絕對不能做：去美國，絕對不能加入臺獨聯盟；去日本，絕對不能去見史明！」

前面說到的「獨臺會案」，就是這樣爆發的……

一九九一年五月九日，調查局以「接受史明資助在臺灣發展獨立臺灣會」為由，分別於臺北、新竹、高雄三地，拘提陳正然、廖偉程、王秀惠、林銀福（Masao Nikar）等四人，並於偵訊後以「二條一」罪名移送高檢署。三天後，調查局又以曾幫助林銀福為由，拘提安正光（Cegau Druluan）。

當時臺灣已經解嚴，才剛終止動員戡亂時期，但就讀於清大歷史研究所的廖偉程，卻是在清大校方根本未獲通知的情況下，遭調查官逕自闖入學校拘提，勾起人們對於白色恐怖再度「返校」的深層恐懼，因而引發各界對政府的強烈反彈，史稱「獨臺會案」。這些人只是讀過史明的著作《臺灣人四百年史》，並曾到日本拜訪他而已，並未加入也不曾參與獨臺會的運作，卻蒙受不白之冤。

緊盯黑名單的「人二室」

黑名單的威力，不只是讓你被關、被迫流亡海外而已，它還能讓你找不到工作。

現任司法院院長許宗力於學生時代，曾加入被校方視為眼中釘的校園刊物《臺大法言》，他在一九八六年四月通過博士學位口試後，教育部負責輔導歸國公費生的國際文教處，竟安排他到國民大會祕書處整理、研究憲政理論相關文獻，似乎刻意不讓他到大學教書。因此，許宗力特地去拜訪當時的臺大法律系系主任王仁宏教授，希望能獲得回母校任教的機會，不料他剛一離開，馬上就有「人二室」的人登門拜訪王仁宏，表明絕對不能錄取許宗力。事後，許宗力透過朋友幫忙，才輾轉得知原來自己竟然名列「黑名單」，更已達到不能在學校教書的等級，極有可能是因為他在德國留學時不慎得罪人。

「人二室」的全名是人事室第二辦公室，是戒嚴時期廣設在各政府機關、學校、公營事業機構及部分民營企業中的特殊單位，其法源依據為《動員戡亂時期保密防諜實施辦法》第四條。人二室及其成員形式上隸屬所在機構的人事室，實則隸屬於司法行政部（即後來的法務部）調查局第二處「查核班」，主要職責為監控與考核職員的思想、言行與忠誠。若有人「思想不正確」，說了不該說的話、讀了不該讀的書或寫了不該寫的文章，就有可能被人二室盯上。其後果，輕則口頭警告、被長期監視、升遷受阻等，重則可能被冠上匪諜、臺獨、顛覆國家等罪名而被判刑。

一九九二年六月十六日，立法院三讀通過《政風機構人員設置條例》，將人二室改組為「政風室」，規定政風人員僅專責各機關的政風調查；同年八月十四日，法務部發布《政風機構人員設置條例施行細則》。自此之後，被認為是白色恐怖打手之一的「人二室」，才終於成為歷史名詞。

黑名單何時解禁？

獨臺會案爆發後，這種仍然執行戒嚴時代政策、違逆潮流之舉，引發立法委員們的關切，立法院旋於一九九一年五月十七日、二十四日分別三讀通過廢止《懲治叛亂條例》與《勘亂時期檢肅匪諜條例》。而在一〇〇行動聯盟「反閱兵、廢惡法」及後

續一連串的行動下，更促成立法院在一九九二年五月十五日三讀通過刑法第一百條修正案。（詳情可參看本書第9篇）

接著，立法院於七月七日三讀通過國安法修正案——也就是黑名單的依據來源，除將原法規名稱的「動員戡亂時期」刪除外，亦將黑名單的判準即第三條修正為：「（第一項）人民入出境，應向內政部警政署入出境管理局申請許可。未經許可者，不得入出境。（第二項）人民申請入出境，有左列情形之一者，得不予許可：一、經判處有期徒刑以上之刑確定尚未執行或執行未畢，或因案通緝中，或經司法或軍法機關限制出境者。二、有事實足認為有妨害國家安全或社會安定之重大嫌疑者。但曾於臺灣地區設籍，在民國三十八年以後未在大陸地區設籍，現居住於海外，而無事實足認為有恐怖或暴力之重大嫌疑者，不在此限。三、依其他法律限制或禁止入出境者。」

同時內政部也在立法院院會中宣布黑名單已大幅刪減，列註名單已降至十人以下。同年八月一日，所有動員戡亂時期的法律均廢止，俗稱「警總」的臺灣警備總司令部也改制為海岸巡防司令部，成為現今國防部後備指揮部與海洋委員會海巡署之前身。

自此「政治犯」一詞正式走入歷史，名列在黑名單上的人，終於可以回家了。

曾經發表《臺灣自救運動宣言》而流亡海外二十二年的彭明敏，於一九九二年十一月一日順利返國。一九九三年底，史明也以「倒數第二位黑名單」的身分偷渡回臺，結束長達四十一年的海外流亡生活。而「最後一位黑名單」黃文雄也終於在一九九六年回到臺灣。

黃文雄曾於一九七〇年四月二十四日在美國紐約市廣場飯店刺殺蔣經國未遂（史稱四二四刺蔣案），他在現場遭到警方壓制時怒喊：「Let me stand up like a Taiwanese」，這就是《國際橋牌社》主題曲〈無名英雄〉最後一句歌詞的由來。

一九九六年四月，黃文雄以偷渡的方式入境，於五月六日公開現身並發表聲明，隨後因未經許可入境遭檢方以違反國安法起訴，一審判決有期徒刑五個月、可易科罰金。

不服判決結果的黃文雄提出上訴後，承審的臺灣高等法院刑事第四庭法官蔡永昌、徐昌錦及陳榮和認為，該案所適用的《國家安全法》第三條第一項關於「人民入出境應向主管機關申請許可」的部分，已嚴重限制國民返國之自由，與憲法保障人民之遷徙權之基本精神有違，有牴觸憲法第十條保障遷徙自由的疑義，而聲請大法官解釋。

大法官遂於二〇〇三年四月十八日作出釋字第五五八號解釋，認為國安法第三條第一項規定部分違憲。解釋文提到：憲法第十條規定人民有居住、遷徙之自由，旨在保障人民有自由設定住居所、遷徙、旅行，包括入出國境之權利。人民為構成國家要素之一，從而國家不得將國民排斥於國家疆域之外。於臺灣地區設有住所而有戶籍之國民得隨時返回本國，無待許可，惟為維護國家安全及社會秩序，人民入出境之權利，並非不得限制，但須符合憲法第二十三條之比例原則，並以法律定之。《動員戡亂時期國家安全法》制定於解除戒嚴之際，其第三條第二項第二款係為因應當時國家情勢所為之規定，適用於動員戡亂時期，雖與憲法尚無牴觸（參照釋字第二六五號解釋），惟一九九二年修正後之國家安全法第二條第一項仍泛指人民入出境均應經主管機關之許可，未區分國民是否於臺灣地區設有住所而有戶籍，一律非經許可不得入境，並對未經許可入境者，予以刑罰制裁（參照該法第六條），違反憲法第二十三條比例原則，侵害國民得隨時返回本國之自由。

令人遺憾的是，本案重回高等法院後，最終還是以判刑四個月、可易科罰金的結果定讞（臺灣高等法院八十九年度上易字第一二六八號刑事判決）。黃文雄繼續針對判決所適用之《國家安全法》第三條第一項規定及釋字第五五八號解釋，聲請補充解釋（會台字第7232號），但遭大法官會議不受理（第1242次）。

不過在大法官一連作出釋字第四四五[35]、五五八及六四四[36]號解釋後，立法院遂於二〇一一年底刪除上述國安法第二條及第三條，從而那些以動員戡亂為由而不當限制人民言論、思想及出入境自由的規定，終於不再有效。

35 大法官認為，集會遊行法第八條第一項規定室外集會、遊行除同條項但書所定各款情形外，應向主管機關申請許可。同法第十一條第一款規定違反同法第四條規定者，為不予許可之要件，乃對「主張共產主義或分裂國土」之言論，使主管機關於許可集會、遊行以前，得就人民政治上之言論而為審查，與憲法保障表現自由之意旨有違；同條第二款規定：「有事實足認為有危害國家安全、社會秩序或公共利益之虞者」，第三款規定：「有危害生命、身體、自由或對財物造成重大損壞之虞者」，有欠具體明確，對於在舉行集會、遊行以前，尚無明顯而立即危險之事實狀態，僅憑將來有發生之可能，即由主管機關以此作為集會、遊行准否之依據部分，與憲法保障集會自由之意旨不符，應自解釋公布之日（一九九八年一月二十三日）起失其效力。

36 大法官認為，人民團體法第二條規定：「人民團體之組織與活動，不得主張共產主義，或主張分裂國土。」同法第五十三條前段關於「申請設立之人民團體有違反第二條……之規定者，不予許可」之規定部分，使主管機關於許可設立人民團體以前，得就人民「主張共產主義，或主張分裂國土」之政治上言論之內容而為審查，並作為不予許可設立人民團體之理由，顯已逾越必要之程度，與憲法保障人民結社自由與言論自由之意旨不符，應自解釋公布之日起（二〇〇八年六月二十日）失其效力。

一紙黑名單，象徵著臺灣民主化運動的血淚與哀愁。直到黑名單解禁、國安法修法，臺灣人民受憲法保障的居住及遷徙自由等基本權利才真正獲得落實。這提醒了我們民主與自由從來都不是天賦人權，而是爭取而來，還需要積極守護，否則如同逆水行舟，不進則退。

回到《國際橋牌社》簡正仁與蔡偉明吃麵的場景，讓他們念念不忘的「新珍味」到底是什麼？不說大家可能不一定知道，史明歐吉桑不只是革命家，同時也是手藝高超的廚師，於日本東京西池袋開設中華料理「新珍味」餐廳。劇中簡正仁懷念的是歐吉桑的「拉麵」，不過根據獨臺會案當事人廖偉程表示，歐吉桑親自烹調的「大滷麵」才是真正的人間美味。有趣的是，日文「拉麵」一詞很有可能就是轉化自「滷麵」而來，二者於發音及作法上都很類似。據說歐吉桑煮的大滷麵不僅麵條Q彈、高麗菜清脆鮮甜，而且麵、湯、菜三者完美融合，是廖偉程時至今日仍難以忘懷的絕佳滋味。

全文回顧

在臺灣歷史上曾經有一群人，一聽到臺語老歌〈黃昏的故鄉〉就會掉眼淚，因為他們被迫流亡海外、有家歸不得，必須四處躲藏或被長期監視，他們是一群「黑名單」上的人。本文介紹黑名單的由來、法律依據、內容、影響、執行方式與解禁過程，以及「獨臺會案」的始末與「人二室」的祕密。還有那些在黑名單上的人：史明、彭明敏、黃文雄與許宗力的故事，以及影集《國際橋牌社》主題曲〈無名英雄〉最後一句歌詞：Let me stand up like a Taiwanese 的由來。

參考資料

◎雅豊斯Aris，《國際橋牌社：影視改編小說》，Fun學，二〇二〇年五月。
◎宋楚瑜口述、方鵬程採訪整理，《從威權邁向開放民主：臺灣民主化關鍵歷程（1988-1993）》，商周，二〇一九年三月。
◎王泰升、曾文亮訪問，許宗力教授訪談紀錄，《臺灣法律人的故事》，元照，二〇一一年十一月。
◎薛化元主編，《715 解嚴三十週年紀念專刊》，國家人權博物館籌備處，二〇一七年七月。
◎廖建華等，《末代叛亂犯——「獨臺會案」始末口述訪談》，https://www.commabooks.com.tw/article/620，二〇一九年。

8

向威權政府要民主，臺灣人的奮力一搏

作者：劉珞亦

臺灣選舉的最後一道門，是中央的總統選舉，而地方選舉則早在一九三五及一九五〇年，就分別在日本人，以及中華民國手上開始進行，但，那是真的選舉嗎？

重點搶先看

我們可以發現，從憲法本身地方制度的配置看出來，原先的地方自治是以「省、縣」作為單位，而這樣的單位就跟現在的中華人民共和國配置一樣。後來我們也知道，取消省長的選舉，並且在二〇一八年完全取消省的預算，更可以看見臺灣這塊土地基本上已經和「省」沒有什麼關係了。反而在目前的臺灣，慢慢變成以「縣、市」為主，跟原先憲法本文的設定完全不一樣，這也暗示了這部憲法在國家認同適用上的問題。

【推薦閱讀】

① 若林正丈，《戰後臺灣政治史：中華民國臺灣化的歷程》，國立臺灣大學出版中心，二〇一六年。

② 張國城，《國家的決斷：給臺灣人看的二戰後國際關係史》，八旗文化，二〇一九年。

③ 陳鴻圖主編，《課綱中的臺灣史：跟著專家學者探索歷史新視野》，臺灣商務，二〇二〇年。

威權時期，與政治相關的事項都被全面打壓。而你知道臺灣第一次有選舉是什麼時候嗎？臺灣第一次有選舉，不是「全國性」的選舉，而是「地方性」的選舉。而且歷經第一次地方選舉後，我們要過了將近六十年後才有中央選舉，沒有辦法，因為臺灣一直以來，都只是一個「地方」而已。

這些故事，要從日治時期開始回憶起。

日治時期，臺灣人也曾想要選舉

在日治時代，因為臺灣人被日本人殖民，當時日本人考量到，臺灣人人數是在臺日本人二十倍以上，如果開放選舉，肯定會造成日本人管理上的困難，所以並不打算要開放選舉。

但是這樣下去，面對民族地位的差距，臺灣人始終難以忍受，所以如同本書第3篇提到，透過蔣渭水的「臺灣民眾黨」以及林獻堂的「臺灣地方自治聯盟」，一直不斷從事「議會設置請願運動」的努力下，希望在臺灣可以有設置自己議會的空間。最後在各種妥協以及讓步中，終於在一九三五年進行臺灣史上第一次的地方選舉。

然而，當時對於選舉參與的門檻有非常高的限制，能投票的人必須是年滿二十五歲，且財力亦有所限制，所以當時四百多萬的臺灣人裡面，能投票的人大約才兩萬八千人左右。而後在一九三九年進行第二次，隨即就爆發二次世界大戰，因此就沒有再繼續選舉了。

中華民國遷臺後，重新開放「地方選舉」？

臺灣第一次選舉，辦在一九三五年，下階段相隔許久，是在國民黨政府播遷來臺之後，頒布了《臺灣省各縣市實施地方自治綱要》這個行政命令，準備在一九五〇年開始進行「地方選舉」。

為什麼不進行中央選舉[37]，反而是先進行地方選舉？為什麼會這樣？其實正如一開始所說的，臺灣從來沒有被當作真正的國家，一直都只是「地方」而已，所以地方選舉可以進行，但中央選舉一定要在「中華民國」進行，當時的政府就是認為，如果在沒有反攻大陸成功之前，「臺澎金馬」這個地方不算是「中華民國」，既然不是中華民國，那怎麼可以進行中央選舉，所以先進行「地方選舉」。

另一方面，這樣先釋出地方選舉的模式，可以讓中華民國在臺灣的形象變好，有一種願意傾聽民意的感覺。並且當時剛經歷過二二八事件，也想藉由地方選舉來作為統治臺灣的緩和手段。所以當時就實施這樣的《臺灣省各縣市實施地方自治綱要》，以縣市長為例總共要選出二十一人，任期是三年。

當時選舉制度很有趣，不像現在一遍即選完，它是採二輪投票制，如果得票都沒

37 我們可以看到臺灣實施地方選舉確實是從日治時期的一九三五年作為一個開端；並且在中華民國來臺灣之後，一九五〇年開始進行地方議會以及縣市首長的選舉。而真正的中央選舉，卻要到了一九九二年的國會改選，以及一九九六年的總統直選。

有超過五成，就要採得票前兩高的人進入第二輪，跟現在的法國總統選舉制度一樣。

而當時臺灣第一個當選的縣長，就在花蓮。一九五〇年十月十五日，華人社會第一位民選縣長誕生，由中華社會民主黨的楊仲鯨當選，以三萬五千張選票，跨出臺灣地方自治的第一步。不論如何，第一屆臺灣的縣市長選舉就在一九五〇至一九五一年中，陸陸續續選完了，並在一九五四年全臺灣一起選縣市長。而現今許多的地方派系，也都是從那次選舉後，開始慢慢呈現派系的初貌。

就當你以為臺灣的地方選舉即將進入常態，沒想到發生一個意外。

直接不給你們選臺北市長？

我們從臺北市市長選舉講起。

一九五一年，第一次臺北市長選舉，當選者為吳三連，第二任是高玉樹，兩人都是當時著名的人士，有趣的是兩人都是無黨籍透過選舉打敗國民黨。所以在高玉樹想要尋求連任的第二屆時，那時就發生過去選舉很常發生的「關燈事件[38]」，而高玉樹也就敗下陣來，由國民黨的黃啟瑞當選。高玉樹為了避免動亂，在競選辦事處貼出「君子不計成敗，公道自在人心」、「寧可光榮的失敗，不求不光榮的勝利」標語，安撫民眾。

過十年後，高玉樹再戰，但是這次也不容易，在高玉樹號召一千名大學生，拿著手電筒監票下，結果拿下臺北市長，再度當選。由於臺北市長屢次被黨外人士攻下，國民黨黨中央對此感到非常不滿，時任的行政院長陳誠更批評，為什麼要為了一個臺北市長的選舉，讓黨工幹部投入選戰，還輸掉？因此在一九六七年，臺北市改制為院轄市，依《臺北市各級組織及實施地方自治綱要》第十七條規定，市長受行政院指揮監督，在院轄市自治法規尚未公布前，市長由行政院任命，免職時亦同。

換言之，院轄市的市長，是不需要經過選舉的，直接由中央來官派，表面上好像升格了臺北市，但實際上就是取消了選舉。一九七九年，考量南北平衡的發展，行政

38 臺灣過去的選舉很常發生驗票驗到一半發生停電，然後有一方的票突然就增加的狀況。

院發布了《高雄市各級組織及實施地方自治綱要》，將高雄市升格為院轄市，但白話來說，高雄市也無法進行選舉。所以就這樣，原先我們以為的地方自治，在兩個直轄市表面上升格院轄市下，被取消了選舉，也就是說，我們不僅是一個「地方」，更是一個想要成為「地方」都很不完整的「地方」。

附帶一提：一九六八年當選高雄市市長的楊金虎，曾經是加入過臺灣民眾黨（蔣渭水創立的那個，不是柯文哲的）一員，早在一九三五年臺灣第一次地方選舉當選議員過，在一九三九年也有連任。他後來加入「中國民主社會黨」，一共參選過四次高雄市長選舉，終於在最後一次當選。

中央與地方二元選舉，讓臺灣慢慢走向正常國家？

一九九〇年，臺灣慢慢走向民主化，隨著一九九二年進行第一次國會改選，直轄市長選舉的聲音也愈來愈大。因此到一九九四年時，立法院制定出《直轄市自治法》，將院轄市改成直轄市，同年即重新進行選舉，當時臺北市長由陳水扁當選，高雄市長由吳敦義當選。

到了一九九九年更制定了《地方制度法》，成為現在地方選舉的法源，並且在二〇一〇年誕生六都，分別為：臺北市、新北市、桃園市、臺中市（原先臺中縣市合併）、臺南市（原先臺南縣市合併）、高雄市（原先高雄縣市合併）。並且仍有三個省轄市：分別為基隆市、新竹市、嘉義市；剩下的縣市皆為縣轄市。

當然，臺灣的地方選舉，一直都算是被派系所把持。換句話說，有意獲取地方公職的在地有力人士，用血緣、地緣、職業等關係為基礎，利用獲取或分配職位的能力，對選民提供照顧，以換取選票。而中央統治當局，為了讓統治力能滲透到地方層級，往往會費盡心思收編這類政治人物，也間接鞏固了這樣的派系分立。

舉例來說，嘉義市派系林立，導致在政治圈這種如此「父權」的系統裡，自嘉義市在一九八二年升格省轄市以來，都是女性當市長（除了二〇一四到二〇一八年是由涂醒哲當市長），也證明在這塊地方派系的力量，是遠超過性別的力量。

而在二〇一四年，縣市長選舉通通合併，讓臺灣現在選舉就分成兩種，一種是全國性選舉（選總統、立委）；另外一個就是地方性選舉（選縣市長、縣市議員、鄉鎮市長、鄉鎮市民代表、村里長）。回頭來看，實施《臺灣省各縣市實施地方自治綱要》的結果，造成一個很大的扞格，就是中華民國對於「地方自治」的想像，從「中國大陸地區」，變成用在中華民國憲法下的「臺灣地區」，產生很大的衝突。

這樣的衝突，若我們仔細看一下憲法，更可以發現，憲法本文的第十章，在規範中央和地方權限時，講完中央的權限，接著是講「省」，再來是講「縣」。甚至到憲法本文第十一章時，第一節是「省」，第二節是「縣」。

所以我們可以發現，從憲法本身地方制度的配置看出來，原先的地方自治是以「省、縣」作為單位，而這樣的單位就跟現在的中華人民共和國配置一樣。後來我們也知道，取消省長的選舉，並且在二〇一八年完全取消省的預算，更可以看見臺灣這塊土地基本上已經和「省」沒有什麼關係了。反而在目前的臺灣，慢慢變成以「縣、市」為主，跟原先憲法本文的設定完全不一樣，這也暗示了這部憲法在國家認同上的問題。

臺灣地方選舉進行至此，算是慢慢民主化，並且在真正凍省之後，整體的地方制度樣貌也算是一種「臺灣化」。然後這樣的「臺灣化」，究竟要不要讓它「正當化」，還是要重新制定出一部屬於臺灣人的規範，就要看未來人民的態度以及決定了。

全文回顧

臺灣當初進行選舉時，是從地方選舉開始的，就算是中華民國來臺時，也是從地方選舉開始，這證明中華民國在臺灣上的扞格與尷尬。不僅如此，中間卻歷經許多的阻礙，其中臺北高雄市長選舉，曾經是民選，後來變成官派，直到現在的地方慢慢民主化。

參考資料

◎蕭文生，《地方自治法基礎理論與實務》，元照出版，二〇一九年。
◎若林正丈，《臺灣抗日運動史研究》，大家出版，二〇二〇年。

一九八七年，臺灣終於脫離戒嚴的束縛。進入九〇年代，《動員戡亂時期臨時條款》、《懲治叛亂條例》與《檢肅匪諜條例》等規範，也慢慢在眾人視為「首要敵人」的反抗呼聲中，被快速打擊退場；而中央民代的全面改選（不只是零星增額改選），更是讓國民黨不能再任意操控立法機關的最重要的「臨門一腳」——各方代表皆須在選舉中競逐民意的支持，換取政治權力的正當性，如此民意洗禮之後，少數統治的問題已大幅減輕。當憲法上各個自由權利重新獲得生命，整個民間社會也慢慢拾回應有的活力。

為了讓權力分立，不再因黨國體制而名存實亡，政治領導人費心推動改革，諸如總統直選的推動，讓臺灣人民的主體性愈發彰顯，軍隊國家化的鬥爭更是扣人心弦。而整部《中華民國憲法》不只重新啟動規範政府的效力，從一九九一年開始到二〇〇五年，還修正了七次，對於我國政府組織的體制有重大的改變，也影響了現在的政治生態。

因此，在這個時期的臺灣人，慢慢嘗到憲法的滋味，開始學會運用自由。

輯三

開展

中華民國在台灣之解嚴後時代

9

廢除刑法100條的戰鬥法律人

作者：**雅豐斯 Aris**

「二條一」和刑法一百條的構成要件不明確，違反刑法的「罪刑法定主義」及憲法原則中的「法律明確性」，嚴重侵害人民的言論自由權。

▶重點搶先看

「廢除刑法一百條」運動是臺灣民主運動重要的里程碑，也是言論自由的最後一塊拼圖。它是反威權運動的高潮，而且順利擊潰威權統治的最後一面牆。從此以後，臺灣人民才更接近鄭南榕追求的「百分之百的言論自由」。

【推薦閱讀】

① 雅豈斯 Aris，《國際橋牌社：影視改編小說》，Fun 學，二〇二〇年五月。
② 周婉窈，《少年臺灣史》，玉山社，二〇一九年增訂版。
③ 臺灣醫界聯盟基金會，《李鎮源院士百歲冥誕暨一百行動聯盟攝影輯》，二〇一五年。

儘管憲法第十一條規定，人民有言論、講學、著作及出版之自由，但這些權利在威權時期，從來都不是那麼理所當然，而是有許多先進前仆後繼，用他們的血汗與淚水，打破桎梏，辛苦爭取而來。

對臺灣民主化運動史略有涉獵的讀者們，大概都有聽過「廢除刑法一百條」這個歷史名詞，讀完前文也已經知道刑法一百條或《懲治叛亂條例》「二條一」在戒嚴時期的「威力」。不過根據筆者的隨機抽樣調查，目前七年級後段班出生的人，大多只知道過去曾有「廢除刑法一百條」運動，但對於它的來龍去脈、重要推手等細節，卻不太清楚。

必須回顧這段歷史的重要性在於，「廢除刑法一百條」運動是臺灣民主運動重要的里程碑，也是言論自由的最後一塊拼圖。它是反威權運動的高潮，而且順利擊潰威權統治的最後一面牆。從此以後，臺灣人民才更接近鄭南榕追求的「百分之百的言論自由」。

其次，橫跨解嚴前後，「廢除刑法一百條」運動是九〇年代整個臺灣社會集體意志想要有所改變、舉起人民的法槌，推動朝野兩黨政治協商後的豐碩成果，是「眾志成城」的成就，而非少數人的功勞。但這樣的成功，需要天時、地利、人和，後人很難複製與模仿，使這場運動多少帶有神祕的色彩，成為臺灣民主化運動中的傳奇之一。

白恐的鏽斑：遲未廢除的刑法一百條與「二條一」

如電影《返校》中，在戒嚴時期成立讀書會的張老師，就是適用《戡亂時期檢肅匪諜條例》第二條「本條例稱匪諜者，指懲治叛亂條例所稱之叛徒，或與叛徒通謀勾結之人」，以及《懲治叛亂條例》第一條第二項「本條例稱叛徒者，指犯第二條各項罪行之人而言」與第二條第一項，套上《刑法》第一百條[39]，再依第十條規定：「犯本條例之罪者，軍人由軍事機關審判，非軍人由司法機關審判，其在戒嚴區域犯之者，不論身分概由軍事機關審判之。」最後經軍事法院審判，遭判處死刑。

39 我們再讀一次《刑法》第一百條：「（第一項）意圖破壞國體、竊據國土或以非法之方法變更國憲、顛覆政府，而著手實行者，處七年以上有期徒刑；首謀者，處無期徒刑。（第二項）預備或陰謀犯前項之罪者，處六月以上五年以下有期徒刑。」也再讀一次《懲治叛亂條例》第二條：「（第一項）犯刑法第一百條第一項、第一百零一條第一項、第一百零三條第一項、第一百零四條第一項之罪者，處死刑。（第二項）刑法第一百零三條第一項、第一百零四條第一項之未遂犯罰之。（第三項）預備或陰謀犯第一項之罪者，處十年以上有期徒刑。」本條第一項處唯一死刑的規定，就是戒嚴時期令人聞風喪膽的「二條一」；第三項處罰預備犯及陰謀犯的規定則被稱為「二條三」。

由於《刑法》與《懲治叛亂條例》是「普通法」與「特別法」的關係，在特別法應優先適用的情況下，所有被認為「意圖破壞國體、竊據國土或以非法之方法變更國憲、顛覆政府」之「叛徒」行為——諸如「匪諜」或「臺獨」——都能被軍／警／檢，以《懲治叛亂條例》拘提／逮捕、起訴，並受到軍事法院／法院判刑。

歷經長達三十八年的戒嚴後，臺灣終於在一九八七年七月十五日解嚴，同年十一月一日開放兩岸探親，更後於一九九一年五月一日廢止《動員戡亂時期臨時條款》、六月三日廢止《戡亂時期檢肅匪諜條例》，但過去那個迫害人權的重大法令卻遲遲沒有一併廢止或修正，尤其是《懲治叛亂條例》與刑法一百條仍繼續存在，使人民的思想與言論依舊在政府的箝制之下，無法真正自由。

「二條一」和刑法一百條在立法上一直存在一個很大的問題，那就是它的構成要件非常不明確。用白話文說，就是法律規定某種行為構成犯罪的條件不夠清楚，而違反刑法的「罪刑法定主義」以及憲法原則中的「法律明確性」。

刑法第一百條第一項只規定了四種思想上的不法意圖（意圖破壞國體、竊據國土或以非法之方法變更國憲、顛覆政府）；第二項則是預備犯與陰謀犯的處罰規定，意思就是只要人民在腦子裡計畫、思考，還沒付諸行動就已經構成犯罪。但人民到底要做出什麼樣的具體行為才算是違法，條文卻沒具體描述，使得人民無法預見到自己的行為是否已觸犯法律，也使得這條法律淪為執政者維持政權穩固、消除反對意見、打壓異己的政治工具。

如一九七六年，擔任由黃信介及康寧祥創辦的《臺灣政論》雜誌副總編輯的黃華（黃明宗），即因該雜誌被認為有鼓吹臺灣獨立之嫌，而遭軍檢以「二條一」起訴。後經軍事法院變更法條，改用「二條三」以陰謀犯論，認為黃華擬利用《臺灣政論》鼓吹臺灣獨立、惡性重大，故判處有期徒刑十年、褫奪公權五年。

又如一九九〇年六月，在李登輝總統召開國是會議的前夕，臺北律師公會發表「十項憲政改革要求」聲明並刊登於《中國時報》。其中第九項「憲法應明文承認臺灣與大陸國土分裂現實」，引發軍法官出身的檢覈律師會員們的強烈反彈，遂以理事長林敏生及理監事等四十一人為被告，向臺灣高等法院檢察署告發叛亂罪。

由於「二條一」、「二條三」與刑法一百條已造成無數冤、錯、假案，使臺灣人民對司法始終無法產生信任。累積已久的民怨，就像是一座地底岩漿已蓄勢待發的活火山，而「獨臺會案」正是啟動火山爆發的關鍵。

文武雙全的「戰鬥法律人」登場！

「廢除刑法一百條」重要推手之一，是國內刑事法權威教授林山田（1937-2007）。他和中研院院士李鎮源、作家鍾肇政、律師陳傳岳等十人擔任共同發起人，並由教授陳師孟擔任召集人，於一九九一年九月二十一日成立「一〇〇行動聯盟」，隨後展開「反閱兵、廢惡法」行動，成功迫使立法院於一九九二年五月十五日三讀通過刑法第一百條修正案。

林山田是臺南人，畢業於中央警官學校，還是柔道黑帶高手，擁有日本講道館柔道二段證書，曾於一九六〇年獲得第四屆全國柔道錦標賽大專院校個人組冠軍。警校畢業後，他在高雄左營當了約五年的警察。

雖然這份工作很適合他善惡分明、嫉惡如仇的性格，但他的職位屬於臨時編制巡官，暫時沒有成為體制內成員的可能。自覺未來沒前途的他，開始勤學德文，之後更辭職、出國進修，打工當柔道教練賺取生活費，並順利取得德國杜賓根大學法學博士學位，研究領域為犯罪學。特別值得一提的是，他參加一九六八年德國大專盃柔道錦標賽，獲得七十公斤組第三名佳績。

一九七二年，林山田從德國回臺灣尋覓教職，但當時臺灣並不重視屬於經驗科學的犯罪學，他的犯罪學專業也不符合各大學法律相關系所的需求（最大的問題應該是國家考試不考犯罪學），因此僅獲得中央警官學校「客座」副教授兼任警政研究所主任之職。為獲得正式教職，他只能先暫時放下研讀多年的犯罪學，轉而鑽研刑事實體法，廣泛閱讀德國與臺灣相關文獻，並陸續撰寫多篇涉及刑事實體法爭議問題的文章。

儘管警官學校是孕育林山田教授的母校，但他和校方卻屢屢出現意見不合的狀況，讓他感到心灰意冷。一九七六年，他獲得德國洪堡獎學金而赴德研究，卻意外收到警官學校「期滿不予續聘」通知。所幸輔仁大學即時遞出橄欖枝，於是自一九七七年起，林山田轉於輔仁大學任教。四年後，政治大學法律系因教授刑法課程的李元簇教授出任法務部長而開缺，因而延攬林山田到政大任教，並擔任法律系系主任、法研所所長等職務。

在輔大任教時，林山田也撰寫一系列與法治、人權有關的文章，發表於各大報章雜誌，可說是「法律白話文」的先驅。其實早在一九八一年，林山田就曾經公開指出應廢止《懲治叛亂條例》、檢討刑法第一百條，其後他也不厭其煩地一再於研討會上、報紙投書中，重申上述立場。

一九八三年，林山田出版了《刑法通論》一書。這本書在法界可說是人手一本、如「聖經」般的存在，在法政職人小說《律政女王》中也出現過。這本書不僅開啟了臺灣刑法學界的蓬勃發展（此後臺灣留德攻讀刑法的博士多為林山田的學生），對於對岸的刑法學界也有相當影響。

《刑法通論》從一九八三年的初版到二〇〇七年的第十版，每一次的改版，林山田都是親力親為，像「鐵人」一樣在研究室工作到深夜，又因過了門禁時間，只好和研究生助理一起翻牆離開學校。他也曾在國家考試考完後，到舊書攤購買被學生賣掉的《刑法通論》回家查看，發現書裡密密麻麻的筆記與增補說明時，感嘆：「學生把書這麼仔細的閱讀，若因為自己寫作不好，導致學生受到誤導或浪費時間，實在是有罪惡感。」力求書籍內容應該盡善盡美的他，字字句句再三斟酌，就連名詞索引也要一再檢查核對，據說每次改版完，林山田都會因為精力耗盡而生病。

於政大任教九年後，林山田疑似因為政治主張與參與社會運動等原因與校方產生芥蒂，故於一九九〇年轉往臺灣大學任教。到臺大後，或許是因為少了人情包袱，他的言論主張與行動也變得更加積極，落實他所信奉的「行動法學」，而「反閱兵、廢惡法」正是他生平第一次擔任社會運動領導人。

林山田認為：「當一個社會無論是國家定位與認同、憲政、立法、行政等等領域，全都顯得問題重重，而且危機四伏之時，在大學教書的人，再沒有理由自閉在學術的象牙塔裡，而應走出教室與研究室，毫無保留地把事實真相說出來。」於是，他和德國哲學家科西（Karl Korsch）一樣，瀟灑地走出學術殿堂，轉身擁抱人群、投身社會，成為一名戰鬥的法律人。

斷開白恐鎖鏈：一〇〇行動聯盟

走入解嚴後的時代，九〇年代的臺灣社會，瀰漫著一股想要「改變」的氣氛。整個社會氛圍像是一鍋沸騰的水、即將爆發的火山，更有許多人願意為了理想而燃燒自己。一九九〇年十二月林強發行第一張專輯《向前走》，成為臺語搖滾的先鋒，並深深影響後續樂風，例如豬頭皮、伍佰、五月天等，還有為《國際橋牌社》創作片頭、片尾曲的滅火器。

一九九〇年三月，野百合學運爆發，當時的訴求之一即為廢止給予威權強大動能的《動員戡亂時期臨時條款》，同年四月，陳水扁等二十一位立法委員更提出廢止刑法一百條的提案（院總字第二四六號），卻遭執政黨冷凍。

一九九一年五月發生「獨臺會案」（詳參見本書第7篇）後，輿論一片譁然。在整個國家社會瀰漫著一股亟欲改變的氣氛中，這件事情一點也不意外地引發社會高度關注。立法院則在龐大的社會壓力下，火速廢止《懲治叛亂條例》及《戡亂時期檢肅匪諜條例》，但白色恐怖的罪魁禍首——刑法第一百條還在；讓黑名單政治犯回不了家的元兇——《動員戡亂時期國家安全法》也還在。人民受憲法保障的言論自由、結社自由與遷徙自由等權利，依然未能落實。

一九九一年九月二十一日，由林山田擔任發起人的「一〇〇行動聯盟」於臺大校友會館召開成立大會，以廢除刑法一百條、釋放政治犯為訴求，要求政府在十月八日前回應，否則聯盟將於國慶日當天舉行「反閱兵、廢惡法」行動。抗爭活動分兩階段進行：第一階段是九月底前和平施壓，第二階段是十月起主動出擊。隨後聯盟成員便展開一連串馬不停蹄的行程，諸如請願、陳情、協商、演講、辯論、受訪、連署、公聽會等。臺北律師公會也在十月三日召開臨時理事會議後，由理事長林敏生律師對外發表聲明，建議應刪除、修正、增訂內亂罪相關條文。

特別的是，「反閱兵、廢惡法」行動是臺灣社運界第一次完美實現「非暴力抗爭」，並成為日後非暴力抗爭的仿效榜樣。聯盟中的專業講師們模擬了一切群眾被警方驅離的可能情況，並教育參與者正確的反應，進而訓練出一批超級專業的「暴民」。

十月八日中午，部分「暴民」們前往閱兵台前進行非暴力抗爭演練，卻意外爆發流血衝突，在現場軍警棍棒與盾牌齊飛、水車強力驅離的情況下，四人受傷送醫。聯盟因此宣布反閱兵活動暫停，但所有人將持續在臺大基礎醫學大樓前和平靜坐，直到十月十日閱兵結束為止。

從十月八日晚間開始，陸續來了五、六百人參與抗議靜坐，包含教授、醫師、宗教界人士、學生等，大家在軍警的包圍下，都不敢隨意離開現場，深怕自己離開後就回不去了。值得一提的是，發起人之一的李鎮源院士外甥、國際知名小提琴家胡乃元還特地到現場演奏致意，幫大家加油打氣。

十月十日凌晨一時左右，警察開始強制驅離民眾，他們將手勾著手的群眾一一拉開、抬上警備車，再載到不同的地方丟包。不過當天沒有警棍、沒有水車，也沒有學生頭破血流，因為林山田是警校的「大學長」，又曾在警校任教多年，現場警察都是他的學弟或學生，而且林教授深受大家的愛戴與景仰，所以現場根本沒人敢動他！最後警方只好使出人海戰術，將他和另一位前述將近八十高齡，德高望重、不容侵犯的醫界領袖李鎮源院士[40]就地團團包圍，直到閱兵典禮結束為止。

儘管十月十日的「反閱兵」行動宣告失敗，但聯盟並未放棄「廢惡法」，他們繼續對立法院施壓、舉辦巡迴演講、發動連署、靜坐抗議等等，終於換得立法院於一九九二年五月十五日三讀通過刑法第一百條修正案，在第一項中增加「強暴或脅迫」要件，將條文修正為：「意圖破壞國體，竊據國土，或以非法之方法變更國憲，顛覆政府，而以強暴或脅迫著手實行者，處七年以上有期徒刑；首謀者，處無期徒刑。」亦即只

40 李鎮源是國際毒素學會最高榮譽雷迪獎得主、中央研究院院士、臺大醫學院名譽教授，曾任國立臺灣大學醫學院院長、國際毒素學會會長。一九九〇年三月野百合學運時，李鎮源曾到中正紀念堂陪著學生們一起靜坐。

要不具體使用暴力，就算高唱反對政府的言論，也不會構成內亂罪。

自此，白色恐怖的桎梏，終於慢慢走入歷史，臺灣人總算能自由自在地思想、讀書、參加讀書會、研究臺灣歷史、看《國際橋牌社》、提出一個大膽的想法……不用再擔心會不會犯法，更不會半夜隨便被警調敲門帶走。

書寫歷史，想像未來

《人類大命運》的作者哈拉瑞（Yuval Noah Harari）說，研究歷史是為了掙脫過去的魔掌，讓我們能看向各種不同方向，並開始注意到前人無法想像、或過去不希望我們想像的可能性。觀察讓我們走到現在的一連串意外事件，就能瞭解人類的每個念頭和夢想是如何落實成形，接著就能開始以不同的方式思考、編織出不同的夢想。因為那些希望改變世界的時刻，常常是起於重新描述歷史，而使得人們能夠想像未來。

本文書寫之際，適逢香港《國安法》通過，其條文內容與過去的刑法一百條以及《懲治叛亂條例》有許多雷同之處，可謂「昨日臺灣、今日香港」，這也提醒了我們民主自由是「不進則退」，反過來就變成「今日香港、明日臺灣」。而本書出版之際，正逢一〇〇行動聯盟成立三十週年，我們該如何繼續守護得來不易的民主自由，並進一步深化扎根、追求進步與成長，值得大家共同省思。

全文回顧

本文介紹《懲治叛亂條例》與《刑法》第一百條的內容，以及它們對國家社會的影響；還有一〇〇行動聯盟與廢除刑法一百條運動的過程，與聯盟領導人之一林山田教授的故事。這場運動是臺灣民主運動重要的里程碑，也是言論自由的最後一塊拼圖。它是九〇年代集體意志想要改變，以及政治協商後的豐碩成果，是臺灣民主化運動中的傳奇之一。它也提醒了我們，不僅該持續守護得來不易的民主自由，還要進一步深化扎根、追求進步與成長。

參考資料

◎林山田，《抗爭100——廢除刑法第一百條抗爭札記》，自版，一九九一年十一月。
◎張炎憲、陳鳳華，《100行動聯盟與言論自由》，國史館，二〇〇八年五月。
◎林山田，《德國胡思錄》（上下），前衛，一九九五年三月。
◎張麗卿等，《罪與刑——林山田教授六十歲生日祝賀論文集》，五南，一九九八年十月。
◎林佳和，〈戰鬥的法律人——科西（Karl Korsch）：法、勞動法與階級鬥爭〉，《戰鬥的法律人——林山田教授退休祝賀論文集》，元照，二〇〇四年。
◎李瓊月，《臺灣醫界大師——李鎮源》，玉山社，一九九五年十二月。
◎李明瑱、林靜靜，《臺灣的良知——李鎮源教授：蛇毒大師、醫界良心、民主運動的領航員》，商周，二〇〇二年四月。

10

李登輝如何從強人手中實現軍隊國家化？

作者：王鼎棫

一起來看李登輝先生，如何透過制度與手腕，打造軍隊國家化的故事。

▶重點搶先看

算一算，李登輝先生在位執政十二年，直到二〇〇〇年國民黨輸掉中央政權為止，軍隊和國民黨的關係，已透過人事與制度慢慢產生分裂。政黨輪替後，軍方逐漸不再是那曾經令人擔心的變數，因為軍中已慢慢不存在任何觀念（或組織）去阻礙政權交接。如同作家楊照在〈臺灣「軍隊國家化」的漫長歷程〉文中所述，至此雖然漫長，臺灣的「軍隊國家化」基本上算是逐步完成，任何政黨與政治人物都不太可能在毫無監督與徵兆的前提下，獨斷操控軍隊。

【推薦閱讀】

① 吳乃德，《臺灣最好的時刻，1977-1987：民族記憶美麗島》，春山出版，二〇二〇年。

② 林秀幸、吳叡人，《主權獨立的人間條件：臺灣如何成為一個自由平等、團結永續的新國家？》，經濟民主連合，二〇二〇年。

③ 理查・馬利德，《謀算：亞洲大局與全球主宰之爭》，聯經，二〇二〇年。

「軍隊的任務是保家衛國」，這句現在聽起來的老生常談，在西元二〇〇〇年之前可不是這樣。從前的軍隊，尤如前面章節所說，戒嚴時期下威權體制的緣故，主要作為強人製造恐懼、實現統治的工具。而這個現象到底是怎麼逆轉的呢？

這個故事就要從李登輝先生逐步登上中華民國總統的大位開始說起。李出生於一九二三年，天資聰穎，就讀台北高校，並一路升學至京都帝國大學農學部。二戰期間曾擔任臺籍日本兵，戰後前往美國取得碩、博士學位，其間論文還獲得美國農學會全美傑出論文獎。

學經歷如此優秀的人物，返國後短暫於臺大任教，即因淡化外來統治印象的「吹台青」策略，被延攬至蔣經國政府中，並漸漸取得信任，逐步擔任臺北市長、臺灣省主席等職，最後於一九八四年出任副總統。不過幾年後，掌握大權的蔣經國總統就在未明確安排接班人的情況下過世。身為副總統的李登輝，於是依法順勢繼任總統。

國民黨過往家大業大，李登輝數度面對來自各方派系及軍方的政治衝擊，卻能逐步將過去「黨軍、國軍不分」的風氣扭轉過來，讓部隊真正成為「國家的軍隊」。究竟，李登輝是怎麼度過這些驚濤駭浪？

強人過世後的黨政軍勢力分布

一九八八年一月十三日，當時的強人總統蔣經國去世，相較其父蔣介石離開前早已多年不主持政務，陸續將權力交接給兒子的情況，蔣經國則算是猝逝，不及安排接班人選。正因沒有規劃接班，強人留下的，是一個權力分散的局面：黨部權力，基本由國民黨祕書長李煥處理；政府權力，掌握在行政院長俞國華手中；至於軍方，最高的負責人則是參謀總長郝柏村。

如此情形，如果你是李登輝，該如何逐一面對？曾被人戲稱是「徒手進總統府」的他，放低姿態，先讓大部分人將自己視為無威脅性的過渡人選。原因是，除了蔣經國大力提拔，學界出身的李登輝幾乎沒有任何政治資本——在黨內沒派系，不曾任職中央官職，也沒有地方派系基礎。因此，多數「山頭」都認為可以放心把權力「寄放」在李手上，之後再慢慢打算。

於是，李開始擁有總統與黨主席的雙重人事權，有了發動攻勢的根基。首先處理的，就是當時的黨中央祕書長李煥——由於李煥有擔任行政院長的野心，想要把俞國華從位子上拉下；而俞國華本人又因在立法院不斷受國民黨籍立委攻擊，動了離開的念頭，李登輝也不得不順勢接受俞的辭呈，讓李煥接任行政院長。

而當李煥轉到行政部門，留下來的祕書長位子，就交給推舉李登輝上曾有大功的宋楚瑜先生。經由宋的運作，並透過接下來的黨務選舉，李也逐步掌握了黨內的影響力。

等安頓好黨內的運作，再來就是趁李煥沒有防備的情況下，把當時已升任國防部長的郝柏村，換成行政院長。這次，就算李煥也無法動員其系統反對，因為他面對的是同樣大山一座的郝柏村。然而，也正因郝的根基深厚，背後代表著龐大的軍方體系，同樣成為李登輝在這波政治鬥爭中最後的未爆彈。

軍系未爆彈的遠因：私有掌控，避免監督

軍隊對於國民黨的威權統治，是一個極為重要的支柱。比方說一九四七年二二八事件後，對內成為威嚇臺灣人民的主要工具；一九四九年國民黨遷臺後，也對外制止了共軍侵臺的企圖。

不過，軍隊是怎麼逐漸私有的呢？一九三三年起，蔣介石即開始不斷在各種軍事訓練中宣揚「信仰統帥」的思想，像是蔣曾說：「就全部革命軍而言，我蔣委員長就是一個頭腦，如果你們不信仰我使得全軍頭腦沒有，那麼無論手足怎麼有用也不能作用！」

強化私有則是透過「政工制度」，對軍隊各個層級進行滲透與控制。也就是說在軍官指揮的領導體系外，外加「政工幹部」以幕僚長或政戰主管的身分輔佐軍官。因政工幹部有權向上級舉報部隊違法犯紀的狀況，所以部隊人人可說是投鼠忌器，相關的一舉一動都受到高度的監控，於是軍人慢慢開始對國民黨的指揮言聽計從。

郝柏村個人之所以能掌控軍方大權，更是因為俗稱「軍政、軍令二元化」的體制。根據一九七八年公布實施的《國防部參謀本部組織法》第九條規定：參謀總長在統帥系統為總統之幕僚長，總統行使統帥權，關於軍隊指揮，直接經由參謀總長下達軍隊；參謀總長在行政系統為部長之幕僚長。

也就是說，軍隊是由參謀總長擔任總統的幕僚長指揮「軍令」，並同時作為國防部長的幕僚長處理一般「軍政」。參謀總長既在軍政、軍令都扮演重要腳色，長期擔任此職位的郝自然喊水會結凍。

不過，實際運作上，除了讓參謀總長與國防部長的職掌混淆不清，更讓參謀總長「有權無責」，對上直接聽命於總統，對下直接指揮三軍，卻不必受立法院監督、質詢；而國防部長則「有責無權」，無法直接指揮部隊，但卻需對立法院負責，接受相關質詢。

因此，這時期的軍隊可說處於一個接受總統與國民黨控制，但行政院與國會卻對軍隊缺乏控制機制的狀態。軍隊忠誠主要建立對國民黨領導人的個人魅力及權力網絡上，多半處於一種非正式的控制關係。所以在蔣去世之後，這顆未爆彈的引信則跑到軍事權力第二順位的郝手中[41]。對此，李後來究竟使出了什麼招式來逐一拆解呢？

41 如鄭南榕先生在《自由時代》第二二五期（一九八八年五月二十一日）中〈黨軍有強人，民主看不見——從郝柏村接受「遠見」訪問談起〉說到：「（遠見提問）今天大家都說目前在中華民國有四個很重要的核心決策人物，李總統、俞院長、李祕書長，以及郝參謀總長。這四個人決定了目前國家的黨國軍事大計，你們如何配合協調？」郝柏村對這個問題回答得十分直爽。他說：「我覺得目前配合協調得還蠻好的。」郝氏不過是國防部長的一個「下屬」，在職位上和其他三人天差地遠，但他卻作這樣的回答，我們也覺得「蠻好的」。因為他完全切中了國民黨在臺遂行恐怖統治的基調，同時這也證明了國民黨的統治根本不需要什麼「體制」。

拆彈第一招：借勢借端

一九八八至一九九〇年期間，李非常仰賴郝在軍事派系的奧援。如同前述，李並無派系且無相關經驗，尚稱青澀的他，也在摸索不需要代理人就能遂行統帥權的運作模式。

而當李接任總統之際，郝已擔任參謀總長長達六年，在軍隊培養出龐大且忠於他的人際網絡。為了安撫郝並爭取支持，李即再次任命郝為參謀總長，也為了強化自己統帥地位，穩定軍隊的支持，更一度任命郝擔任國防部長；值得注意之處在於，李這招同時也有把郝調離「軍令系統」的效果。

在這樣連當事人自己都稱「肝膽相照」的時期，李藉由郝作為「軍事代理人」，逐步在軍中建立起自己的威望，並經由親自與基層官兵對話，培養各級軍官，主持軍事會談等機會，讓各部隊與李之間，在心態上有了更直接的認同。

不過，相愛容易相處難，好時光沒有延續太久，一九九〇至一九九三年，李與郝的政治紛歧逐漸檯面化，對領導權歸屬終須一戰，也在政壇點燃遍地烽火，而這件事是怎麼演進呢？

拆彈第二招：請君入甕

一九九〇年，郝被提名為行政院長，如同李在其著作《新・臺灣的主張》所說：「事實上，無論如何，我一定要讓他卸下軍服，交出軍權。」這樣的結果，也就讓李能進一步控制軍隊，且也想把郝柏村交給輿論、大眾與國會好好審查。

表面上，這個舉動雖給予軍人在臺灣政治結構中，取得空前地位的觀感（即郝出將入相，由軍系首長轉為行政首長），然而當時的反對黨（即民進黨等團體）正到處宣揚「反對軍人干政」口號，從議會到街頭發動多次抗議活動，引發大眾對郝的軍系色彩有所不安。另一方面，由於郝欲擔任行政院長，也不得不迫於各方壓力從軍中退役，鬆動了郝在軍中多年累積的控制，讓李有機會透過「洗人事」的方式，逐步改變軍隊組成結構。

像是當時《首都早報》即在同年五月三日以斗大頭版刊出「幹！反對軍人組閣」

標題，且《自立晚報》也在同日的社論中，貼出「無言」二字為社論。緊接著在五月八日，民進黨立委彭百顯等二十六人，臨時提案要求確立文官體制，主張軍人入閣須先解除軍職，並經立院同意，行使同意權時應舉行聽證會。

接踵而來的抗議，讓郝不得不在五月九日表示，已外職停役轉任文官，必定會以文人身分擔任行政院長。但是反對的力量並未停歇，同月十九日，學運力量及「全民反軍人干政聯盟」更發起「反軍人干政大遊行」，在中正紀念堂大舉抗議。當日，國是會議籌委也發起非正式決議，要求郝柏村除役，以緩和外界抗議聲浪。

一波波的反對浪潮，使得郝進一步退讓，五月二十七日，李批准了國防部長郝柏村申請除役的要求，讓郝未來卸任政務官之後也不能夠恢復軍職，無法再享有一級上將之待遇。

拆彈第三招：召喚東風

一九九二年底，立法院全面改選，由於李、郝長期政治意見有所摩擦，像是一九九一年底的時候，民進黨立委就在質詢中，揭露郝柏村曾經在國防部集合高級將官聽取報告，引發是否傷害總統權限的爭論。

因此，李就順勢以建立「行政院向新立法院負責」的憲政慣例為由，要求時任行政院長的郝柏村辭職。最後，軍人出身與反臺獨意識形態鮮明的郝，只好在臺灣民主化的浪頭上，還有國民黨主流派與民進黨的反郝喧囂中，於一九九三年一月三十一日下午向國民黨黨中央提出內閣總辭，並於同年二月三日經國民黨中常會通過後，提出辭呈。

郝的政治事業因而告終，李的政治江山就此奠定；當時的報紙更有形容：「已由渡海族群主導的時代轉變為本土族群主導的時代」。

利用郝進入行政院的人事空檔，李藉由升遷將領的選擇，慢慢改變了軍隊的領導生態。此一時期，李專注選擇「本土認同」程度最深的人，刻意拔擢願意配合時代脈動改革、服從黨國威權色彩較輕的人，甚至有些人認為根本就是任用郝的反對者來擔任重要軍職。

在這過程中，伴隨著臺灣軍隊的大幅縮編，讓許多軍官人人自危，深恐自己成了縮編的犧牲品，斷送了原本期待的升遷之路。正為了爭取那日益減少的機會，許多軍人也就不得不認清風向，努力調整適應李的領導統御。

拆彈第四招：一勞永逸

簡單講，李就是要徹底建立「軍政、軍令一元化」的制度，正式改由「文人統制」，不再活在軍事強權的陰影中。前述漸進的人事改變，也有效防止軍隊大幅反對轉型，因軍人傾向認為這波轉變「有利可圖」，進而降低直接挑戰文人政權的威脅。

由於文人政府想要完全控制過往未能涉獵的軍事領域，李終究須採取「制度性」的手段，才能徹底將威權時期對軍隊的殘留影響一舉掃盡。這樣的考量下，所謂「文人統制」——將軍事力量置於文人政府領導之下，禁止軍事對內政進行干預，並同時受到國會監督——就成為了李追求長治久安的最後一塊拼圖。

對此開第一炮的是立法委員的助攻，還有大法官的空中接力。一九九八年七月，大法官經由立委聲請，作成司法院解釋第四六一號。聲請書中痛陳：

參謀總長應否列席立法院備詢或陳述意見……嚴重影響立法院質詢權的行使和國防預算的正常審查。

結果造成只有幾千萬元預算權的國防部長成為擁有幾千億元預算權的參謀總長的「人頭」……這種規避，表面上規避的是立法院的監督，實際上是規避了全體國民的監督、規避了憲法的監督。參謀本部以納稅人的百千億元做為預算，卻規避納稅人的監督，全國軍事事務成為不為人知、不受監督的黑箱作業。這種現象之形成固然有其歷史原因，但是在總統已由民選產生的今天，實有徹底釐清的必要。

面對指陳，解釋文也清楚表示：

國防部主管全國國防事務，立法委員就行政院提出施政方針及施政報告關於國防事務方面，自得向行政院院長及國防部部長質詢之。至參謀總長在行政系統為國防部部長之幕僚長，直接對國防部部長負責。

為了貫徹「軍政、軍令一元化」與「文人統制」，立法院也緊接在一九九九年九月提出《國防法暨國防部組織法》修正法案，亟欲將大法官解釋修成正果，於二〇〇〇年一月五日立法院第四屆第二期完成立、修法程序，在同年一月二十九日公布，期以三年籌備調整後實施。現行《國防法》第八條也規定：「總統統率全國陸海空軍，為三軍統帥，行使統帥權指揮軍隊，直接責成國防部部長，由部長命令參謀總長指揮執行之。」

這就是「軍政、軍令一元化」理念的具體規劃。國防部長也能在總統的領導下，完全指揮軍政、軍令等事項；參謀總長不再是總統直接指揮的軍事幕僚長，而正式改為國防部長的軍事幕僚長，相關軍事命令仍應獲國防部長的授權。

在這樣的領導系統下，由代表民意的總統和國防部長直接統制軍隊，並透過國會部門的調查與質詢，促使國防部及軍事部隊負起國防相關責任，軍隊國家化的理念才得以落實在國防體制當中。

算一算，李登輝先生在位執政十二年，直到二〇〇〇年國民黨輸掉中央政權為止，軍隊和國民黨的關係，已透過人事與制度慢慢產生分裂。政黨輪替後，軍方也逐漸不是那曾經令人擔心的變數，因為軍中已慢慢不存在任何觀念（或組織）去阻礙政權交接。

如同作家楊照在〈臺灣「軍隊國家化」的漫長歷程〉文中所述，至此雖然漫長，臺灣的「軍隊國家化」基本上算是逐步完成，任何政黨與政治人物都不太可能在毫無監督與徵兆的前提下，獨斷操控軍隊。

像是二〇二〇年一月，黑鷹直升機失事後，親民黨總統候選人宋楚瑜呼籲總統蔡英文第一時間應趕回台北、進駐衡山指揮所緊急應變，穩定軍心。總統府回應，國防二法修正已實施多年，軍令軍政系統早已一元化，事故發生後，國防部長在第一時間即向總統報告，總統也立即下達全力救難的指令，並全程掌握狀況，維持國防運作與軍心穩定；沒有總統必須進駐衡山指揮所問題。

而這一改革，可能來自李登輝一開始沒有辦法對國民黨傳統勢力完全放心，因而想盡辦法打出一手好牌，讓軍隊的忠誠從「黨」改而建立在「國」之上——同時對他來說，也有利於鞏固權力。

人生如戲，戲如人生，有時現實生活遠比戲劇來得驚心動魄且影響深遠。而李登輝所主導修憲的大戲，還在後頭，正是政府組織的驚天動地大改造。

全文回顧

國民黨過往家大業大，尤其是「黨軍、國軍不分」的部隊勢力，李登輝數度面對來自各方派系及軍方的政治衝擊，卻能透過政治手腕與制度性的解構，把過去的風氣扭轉過來，讓部隊真正成為「國家的軍隊」。像是與軍系人物交好、說服軍系頭子轉任文官，並誘導基層軍人及早歸隊服從李的領導統御，最後經由大法官解釋還有國防法令的修正，才一勞永逸。固然，這一切的開始，可能是李為了鞏固統治，但在軍隊國家化後，無論政黨再怎麼輪替，軍方也逐漸不是那曾經令人擔心的變數，因為軍中已慢慢不存在任何觀念或組織去阻礙政權交接，這就是李打出的一手好牌，讓軍隊的忠誠從「黨」改而建立在「國」之上。

參考資料

◎李登輝，《新・臺灣的主張》，遠足文化，二〇一五年。
◎若林正丈，《戰後臺灣政治史：中華民國臺灣化的歷程》，國立臺灣大學出版中心，二〇一六年。
◎李寶明，〈蔣介石在軍隊國家化問題上的構想和實踐〉，政大史粹，第十期，二〇〇六年六月。
◎范聖孟，〈論法治國原則下的軍隊：從統帥權與軍隊國家化談起〉，復興崗學報，第一〇四期，二〇一四年六月。
◎楊照，〈臺灣「軍隊國家化」的漫長歷程〉，https://blog.xuite.net/mclee632008/twblog/102820933
◎段復初，〈中華民國民主化下的文武關係：軍隊國家化的進程〉，復興崗學報，第一〇四期，二〇一四年六月。
◎曹陽，〈論我國「國防二法」文人領軍之設計〉，復興崗學報，第九十三期，二〇〇九年三月。

11

七次的修憲之路：政府體制大改造

作者：楊雅安

過去長久以來修憲的力量被政黨把持，導致修憲的推動也時常淪為政治利益的交換。因此我們更需睜開雙眼去看，是什麼原因導致了修憲的發生，以及會造成什麼後果。

▶重點搶先看

憲政體制的設計需回頭探看在訂立的當時是處在何種環境。而修憲的推動往往也有當時時代背景下的政治考量。過去在黨國體制運轉下，臨時法凌駕一切成為統治方針。一九四七年時的修正式內閣制是個理想，一九九七年時的雙首長制，是符合民主進步以及鞏固權力之必要。二〇〇五年時修憲的選制改革，則是確立了兩大黨競爭優勢趨向的勢態。可見修憲的推動掌握在政治菁英手上，而修憲的方向亦是環繞層層政治力的考量。曾有學者指出，在威權轉型國家中最常面臨的問題便是「憲政主義的匱乏」。政治菁英並未將有限政府的觀念代入實踐，在憲政制度上更是只重形式，因此掌權者得以濫權。在一個只談民主卻不重憲政精神的國家，其民主制度容易失衡。這恰如其分地點出了台灣的憲政困境。

【推薦閱讀】

① 王金壽等著，《秩序繽紛的年代》，左岸文化，二〇一四年。

② 施正鋒，《臺灣政治史》，新新臺灣文教基金會出版，二〇〇七年。

③ 何輝慶、楊智傑，〈第七次修憲對中央政府體制的影響〉，臺灣大學國家發展研究所。

一九四九年國民黨政府遷臺時，把最原始版本的《中華民國憲法》帶到臺灣，當時的憲法中所採行的是有限政府的「修正式內閣制」。但是在長期的威權統治下，憲法並沒有真正被施展的空間。「臨時條款」取代了憲法，總統權力擴大，政治實權掌握在政治強人手中，而憲法本文所定的中央政府體制猶如風中殘燭。

我們的憲法，自誕生之始，便形同虛設。

而時光飛逝，待強人二代蔣經國去世，李登輝繼任；李的任內不僅人民由下而上，推動廢止臨時條款，恢復正版憲法的活力，李更自一九九〇年開始，延續到二〇〇五年陳水扁在位期間，啟動了歷經七次的修憲之路。

這七次修憲的戰場，主要集中在政府組織的改造，使得臺灣的政府體制從第一版的「修正式內閣制」，轉而偏向了法國第五共和的「雙首長制」。修憲的過程，一方面推動了臺灣民主政治的進展，另一方面卻也暗藏政黨間政治角力與利益交換的玄機。

簡單說，憲法保障人權的基本精神，在多次修正中未受重視，政治行動者以奪權的心機，持續在政府組織的設計細節上點滴著墨，自那時起便如同鬼魅般盤繞在《中華民國憲法》的寶典上。

威權時期，名而不實的修正式內閣制

在這個時期，威權政府直接用新的規範，架空憲法既有的設計，也就沒有修憲的問題——不好用的憲法，就凍結吧。

原先在一九四七年施行的憲法中，我國的憲政體制為「修正式內閣制」，使行政院為最高行政機關，須經總統任命並須經由立院同意，並對立法院負責；而總統則另有院際調解權，還有覆議核可權等具體權限，從旁參政。

但因當時國共對戰甚至被迫遷臺的時空背景，使得政府當局長年以備戰的前提來維繫政治制度的運行，如同本書第5篇所提到，這也使得後續長達將近四十年的時間，正常法與非正常法交疊，讓《動員戡亂時期臨時條款》取代了憲法，加上戒嚴令等措施，共同打造了國民黨進行威權統治的基礎，也讓黨的領袖成為領導全國的人物，長久下來民眾實際上感受到的統治，並非來自憲法，而是統治者本身。

甚至，這樣的感受，一直到現在都依然殘存著；人民在歷次的選舉中，依舊期待著明君，而不是一套可長可久的制度。

因此，我們可以這麼說，在兩蔣時期，我國的政府體制為總統制。而在嚴家淦出任總統，蔣經國擔任行政院長的短暫時期，我國的政府體制則是內閣制。

政治實權究竟掌握在誰的手中，不看總統是誰，端看誰是黨主席，尤其誰是「國民黨黨主席」誰就握有權力，所以也讓總統與行政院間的權力歸屬問題，在當時隱而未明，僅僅在制度運作上埋下了種子，尚未有機會浮出檯面。

李登輝上台後，面臨究極的選擇

時序來到一九九〇年代，蔣經國去世，李登輝上任。

蔣經國一去世，國民黨內部的權力糾紛便開始浮上檯面，如同本書第10篇描述，各方人馬蠢蠢欲動，李登輝雖然依法繼任，面臨到的卻是國民黨內主流派與非主流派的權力鬥爭。總統與行政院間難以釐清的權力邊界，終於浮現。

李登輝不像嚴家淦那樣願意成為一個空心的總統，為了解決總統名不符實的問題，也在黨政系統順利一把抓後，逐漸發揮其強人作風，慢慢展現擴權之勢。而為了完成這樣的野心，李知道必須從根源——憲政體制下手，這又得跟高難度的修憲門檻妥協，必須進行朝野協商，且從外部取得力量，與本土在野合作，才可完成臺灣的憲政變遷。

一九九〇年三月十四日，野百合學運爆發，許多學生前往國民黨中央黨部抗議，並在十六日改在隔壁的中正紀念堂靜坐，訴求「解散國民大會、廢除臨時條款、召開國是會議、訂定政經改革時間表」。此時李登輝正面臨黨內的權力鬥爭，故而使出最愛用的借力使力（請見前述軍隊國家化的歷程），在二十一日獲選為第八任總統的當天晚上，會見學生代表，公開承諾將盡速召開國是會議進行改革。另一方面積極尋求本土在野黨的協助，將內外壓力揉合。

於是，李登輝得順利在一九九一年四月三十日，依據《動員戡亂時期臨時條款》第十條規定，公告自同年五月一日起終止動員戡亂時期，並同一時間促使第一次憲改在同一天，即五月一日，由總統公布完成，其主要內容除了「國會全面改選」外，更強調因國家尚未統一，原有憲法條文仍有窒礙難行之處，為因應國家統一前的憲政運作，才制定《中華民國憲法增修條文》。

這時，憑藉在野民主力量作為靠山的李登輝知道，抽掉了動員戡亂臨時條款形同放棄「反共復國」的神主牌，且排除「大陸地區」開放由「臺灣地區（此為增修條文用語）」的人全面改選國會，讓中華民國作為正統中國的色彩，變得極為淡薄，接下來的動作勢必得一邊顧慮黨內反對聲音，故採取了像是：任命郝柏村為行政院長、不更動憲法本文與五院架構的前提下修憲、寫下「因應統一」並策畫國家統一綱領等平衡保守意識形態的措施。知台派的早稻田大學教授若林正丈即稱「平衡者李登輝」由此誕生。

翌年，一九九二年又再次完成了第二次的修憲。本次增修中，眼看政權受到衝擊，心繫延續政權的國民黨政治人物，不得不拉高民主規模，除開放省、市長民選外，更往總統直選的路邁進；而為彌補在此次憲改中，國民大會所喪失的總統選舉權——本次增修條文通過：總統、副總統改由中華民國自由地區全體人民選舉之，自一九九六年第九任總統、副總統選舉起實施；而相關選舉方式，應由總統於一九九五年五月二十日前召集國民大會臨時會，用憲法增修條文來詳細規定——還規定將監察、考試、司法三院的人事提名同意權，從總統方轉移給國民大會。

很快地，李登輝的總統任期將至，即將面臨再次改選，國民黨內部又再次暗潮洶湧，彼時李登輝與擔任行政院長的郝柏村已爭鋒相對了三年。然而，此時期的臺灣社會是渴望改變的，傳統的國民黨主流派路線大勢已去，反而積極改革的李登輝政權較得民心。

在這樣的背景下，落實總統直選的憲改終於在一九九四年完成，增修條文寫下：「總統與副總統由人民直選產生。總統罷免案由國民大會提出且經人民投票同意通過。」

這樣的結果，引進了外部民意來決定行政首長，順利解決李所苦惱的黨內糾紛，確保兩年後的總統大選中，李登輝可繼任總統的位子，客觀上也讓國家權力的統治正當性只來自臺灣人民的授權，統合了臺灣人民「生命共同體」的意識。（這也結合《增修條文》區分臺灣地區與大陸地區的意識形態，累積李登輝後來推出兩國論的動能，可對照本書第12篇）

到了一九九六年，李登輝果然依人民直選當上了總統，其屬意由連戰出任副手，並同時兼任行政院長；因為當時的憲法規定，行政院長的任命還是需要國會同意，面臨在野黨不斷傳出杯葛連戰（因為在野方認為副總統、行政院長同為元首去職後的接班人，不應為同一人）的聲音，進而面臨了憲政僵局，也讓不是滋味的李在心中埋下了日後朝向「法國雙首長制」修改的種子。

換句話說，自一九九五年裡立院改選後，國民黨已無法順利掌控立院中「穩定的多數」，對於閣揆人選的確保與穩定，存有一定危機。對於李來說，就想要再次透過已經駕輕就熟的修憲方式，來擺脫反對黨對於「行政院長任命」的束縛。

因此，在一九九七年第四次修憲時，李參照了一九九六年與民進黨結盟的「國家發展會議」的結果，除了凍結省的運作（廢止省議員與省長選舉），更把立法院的閣揆同意權刪除，賦予總統對行政院長的直接任命權，而立法院的倒閣權也設計成總統由被動發動解散；雖為了在野黨的需求，將立法院的覆議門檻改為全體的二分之一，但覆議就算通過，行政院長卻不用辭職，依舊可以繼續為總統效勞。一般認為，李登輝決定將立法院的閣揆同意權刪除，就是要杜絕民進黨與新黨合作奪下政權的可能。

此次憲改，讓我國的憲政體制開始偏向為「雙首長制」，兩個大山頭共同分享國家行政權的運作。但這樣的制度雖然模仿了法國的半總統制（可以想像把總統權力削一半）的設計，但卻沒有把法國第五共和中「換軌」的憲政慣例——讓國會多數政黨所屬的領袖擔任閣揆——明文放入憲法中。

這也導致我國的憲政運作，日後出現少數政府，簡單講，即執政黨固然取得政權，但未能在國會取得多數的情形，而經常陷入政治僵局的局面。

失敗的憲法實驗：陳水扁任內的雙首長制

二〇〇〇年，臺灣迎來了第一次的政黨輪替，陳水扁出任中華民國第十任總統。然而當時由於修憲後的總統是以相對多數產生的，陳水扁以不到四成的票數就當選了總統，使其雖具有合法性但卻少了許多國民的支持，也因此給了國民黨挑戰其政權的理由。

固然，國民黨呼籲陳水扁為了遵守雙首長制的精神，應實現「換軌」的機制，與國民黨分享組閣的權力，共同組成聯合內閣。但實際上陳水扁並不願交出權力。他雖任命國民黨籍的唐飛出任行政院長，打著「清流共治」、「全民政府」的旗幟，但實際上閣員中大部分官員仍是民進黨籍人士，所以整體上還是「少數政府」的統治形式。

且日後更因國、民兩黨在核四停建一案的不同態度，有意無意促使唐飛基於壓力，不到五個月便要請辭。唐飛請辭後，陳所任命的張俊雄、游錫堃又皆為民進黨籍之政要。這樣的運作，證實九七修憲引進半成品的雙首長制，為未來臺灣帶來一個容易引起朝野對立的少數政府模式。

也就是說，就算不換軌也沒有違憲，因為第四次修憲的時候根本沒有把「換軌」機制入憲，但是這樣的憲政慣例卻造成了雙首長制的設計形同擺設，行政院長並沒有實質權力可以向總統要求分權，使得總統權力無形擴大，且立院的多數政黨若與執政黨不同，則其運用國會權限介入行政運作，更會使得責任政治落入難以完全釐清的困境。

實際上，總統權力不受控的狀況，在二〇一二年便曾發生，當時在野黨發出倒閣案期間，行政院院長不宜大幅行使職權的狀態下，總統直接繞過行政院，對外發表外交部長與陸委會的人選。

如果總統可以常態性地選他想要的人去當部會首長，部會首長直接面對的不再是行政院長，而是總統，會造成行政院長處在中間變夾心餅乾，根本無法順利領導統御各部會。

總的來說，九七憲改的操作，讓憲法裡有關總統和行政院長的分權、制衡機制，大打折扣。而行政院向立法院負責的機制，也失去意義。原本行政院總辭的意義是基於行政一體原則，但是如果這些部會首長根本是總統直接找來的，那行政院長跟部會首長一起辭職，根本就沒有意義啊。

第七次憲改，還是免不了政治盤算

前四次的修憲確立了我國的政府體制，除了第五、六兩次，或被宣告違憲，或將國民大會代表虛級化，或提出社會福利條款，或將其他院高層的任命方式修正外，下一波影響我國政府組織運作最深的，當數二〇〇五年的第七次修憲了。

該年的憲改重點，除了廢除國民大會、修憲時程新增公民投票的門檻之外，主要就放在「國會席次減半」和「立委選制改革」上。

缺乏換軌機制的雙首長制，間接導至了行政院與立法院間的互動不良，因當時行政機關多為民進黨籍，而國會內多為國民黨籍人士，惡意杯葛的情形時常發生。因而觸發了國會改革、席次減半的前兆。

於是在第六次立委改選前，民進黨政府進行了第七次修憲，該次修憲除了國會席次減半之外，還將立法委員的選舉制度明定為「單一選區兩票制」，由於小黨的支持者，傾向在區域選舉時將選票投給大黨，而百分之五的全國不分區席次分配門檻，更使得小黨的生存空間大打折扣。

臺灣的政黨體系，從原本的黨國體制到一黨獨大，再演變到三黨鼎立的多黨競爭，到了單一選區兩票制後，基本上確定了我國是以兩黨競爭為主的政治體系。

且又因此次憲改新留下的修憲門檻極高（這些年修得夠多了，因此把門檻拉高），使得將來要進行修憲更加困難。即增修條文第十二條規定：「憲法之修改，須經立法院立法委員四分之一之提議，四分之三之出席，及出席委員四分之三之決議，提出憲法修正案，並於公告半年後，經中華民國自由地區選舉人投票複決，有效同意票過選舉人總額之半數，即通過之。」

換句話說，以二〇二〇年的總統大選來說，選舉人數總額一千九百三十一萬多，至少要九百六十五・五萬人同意，修憲案才會通過；蔡英文氣勢那麼強，才拿到八百一十七萬，可見這數字有多困難達標。不少人擔心，可能永遠失去修憲機會。

縱觀本次修憲，面對行政與立法間的互動依舊緊張，總統權力過大的問題依然令人擔心。我國政府體制究竟是較偏向雙首長制，或是超級總統制？疑問一直存在，但卻也已匆促了定。

不確定的年代，不確定的將來

曾有學者指出，在威權轉型國家中最常面臨的問題便是「憲政主義的匱乏」。政治菁英並未將有限政府的觀念代入實踐，在憲政制度上更是只重視形式，因此掌權的得以濫權。在一個只談民主卻不重憲政精神的國家，其民主制度容易失衡。這恰如其分的點出了臺灣的憲政困境。

在一個國家內，任何一個人掌握過多的權力都是危險的。這也是為什麼我們需要權力分立，互相制衡。我們訂定憲法，透過有共識的客觀規範，來劃分權力的歸屬，並建立民主機制。儘管礙於國際現實的因素，我們要制定一部新制憲法十分困難，因而許多人認為只能用修憲的方式去推動。

過去長久以來修憲的力量被政黨把持，比較少傾聽由下而上的聲音，導致修憲的推動，時常淪為政治利益的交換。從七次憲改的原因還有造成的影響看來，政府體制、選舉方式、政黨生態、民族與地緣意識的改變，皆是一環扣著一環的。因此我們更需睜開雙眼去看是什麼原因導致了修憲的發生，而此次修憲又會造成將來什麼樣的後果。

最近，新一輪的修憲方向已公布，除了下修選舉權的年齡為十八歲外，主要還是政府體制的改造，即要不要廢除考試院、還有監察院，這次不外乎又是由兩大黨主導。身為臺灣人，是時候讓我們認真去關注：到底我們自己心中理想的憲政制度，除了老生常談的政府體制外，還缺了什麼東西？

全文回顧

憲政體制的設計需回頭探看在訂立的當時是處在何種環境。而修憲的推動往往也有當時時代背景下的政治考量。過去很長一段時間憲法被凍結，在黨國體制運轉下，臨時法凌駕一切成為統治方針。我國在一九四七年時的修正式內閣制是個理想，在一九九七年時的雙首長制，是符合時代民主進步之需要，以及鞏固權力之必要。二〇〇五年時修憲的選制改革，更是確立了兩大黨競爭優勢趨向的勢態。可見修憲的推動掌握在政治菁英手上，而修憲的方向亦是環繞層層政治力的考量。

參考資料

◎施正鋒，《臺灣政治史》，新新臺灣文教基金會出版，二〇〇七年。
◎陳君愷主編，《迢迢民主路上的自由呼聲：臺灣民主改革文獻選輯》，國立中正紀念堂管理處，二〇一八年。
◎陳義彥主編，《政治學》，五南圖書，二〇一五年六版。
◎吳庚、陳淳文，《憲法理論與政府體制》，三民，二〇二一年。
◎李登輝受訪；鄒景雯採訪記錄，《李登輝執政告白實錄》，印刻出版，二〇〇一年。
◎王金壽等著，《秩序繽紛的年代》，左岸文化，二〇一四年。
◎若林正丈，《戰後臺灣政治史：中華民國臺灣化的歷程》，國立臺灣大學出版中心，二〇一六年。

12

曖昧不明的兩岸關係，像極了愛情

作者：蔡孟翰

一句評論

臺灣要確保國家主體地位，免不了必須有其他國家的承認，並無法一蹴可幾，臺灣在對內和對外政策上，如果不努力持續展現與中國政權的差異，就容易形成「臺灣是中國的一部分」的外貌。

重點搶先看

如果以兩岸要走向統一為目標，或許當今的條文沒有太大問題；但是如果希望中華民國／臺灣要在國際社會成為一個能夠為自己作主、發聲的獨立個體，或許可以思考，我們憲法等規範所形塑的國家定位，是否有助於中華民國／臺灣走出一條自己的路？

【推薦閱讀】

① 姜皇池，〈從國際法面向剖析臺灣入聯申請之意義〉，新世紀智庫論壇第四十期，二〇〇七年。
② 鄧衍森，〈從國際法論「中國反分裂國家法」有關法理上之問題〉，臺灣國際法季刊，第二卷第三期，二〇〇五年。
③ 法律白話文運動，《中華民國斷交史》，聯合文學，二〇一九年。
④ 法白《兩岸問題》專題、《自決之路》專題，法律白話文運動網站。

解嚴過後十餘年，人民爭取作主的聲音震天，朝野兩黨也攜手修憲多次，一九九九年七月九日，媒體德國之聲到總統府專訪時任總統李登輝，當記者問到，如何看待北京政府將臺灣視為「叛離的一省」，李登輝總統回答：「一九九一年修憲以來，已經將兩岸關係定位在國家與國家，至少是特殊國與國關係，而非一合法政府，一叛亂團體，或一中央政府，一地方政府的『一個中國』的內部關係。」

這是「特殊國與國關係」首次被提出，也有人解讀為「兩國論」，而國家元首這樣超乎眾人預期的回答[42]，不只在國內造成震撼，也使臺、美、中關係一度緊張。中共北京政府批評李登輝企圖分裂中國，並且積極發動軍事演習；時任美國總統柯林頓在同年九月與中國主席江澤民會面時，也表示反對破壞一個中國。

那李登輝總統提到的「一九九一年修憲」到底修了什麼呢？中華民國，或是臺灣，在國際上的主權地位到底應該如何評價呢？為何對內爭取民主之餘，對外爭取主權認

42 如同李登輝在《新・臺灣的主張》所說，兩國論是對國際情勢下的反應，因為當時李接獲情資，汪道涵（首任海協會會長）將在中共籌辦建國五十週年的國慶日訪台，預料將宣稱「北京是中央，臺灣是地方」的談話，後續交流不免被扣上一國兩制的帽子。於是才採取對策，公開表明兩國論，進而主張國家主權地位的必要。

同也是如此重要呢？

第一次修憲：從內戰到兩岸互不否認

第二次世界大戰結束後，中國戰勝日本，但是安定的日子沒過多久，國共內戰爆發。一九四八年五月十日，中華民國政府公布《動員戡亂時期臨時條款》，認定國內處於「戰爭狀態」，凍結才剛施行不久的《中華民國憲法》（一九四七年十二月二十五日施行）。

一九四九年，中華人民共和國建國，並全面控制大陸地區，中華民國政府遷至臺灣，使中國呈現兩個政府的分裂狀態，《動員戡亂時期臨時條款》也在逐次的修正中，被無限期的延長適用，並把中共視為竊占大陸地區的叛亂團體。

兩岸就這樣隔著臺灣海峽，各自為政數十年。一九七九年，美國和我國斷交，改與中共建交，中共當局順勢發表了《告臺灣同胞書》，不同過去對臺灣當局強勢風格，而是提出結束兩岸軍事對峙、開放兩岸三通、擴大兩岸交流等主張；我國政府則在一九八七年開放國人可以到大陸探親，兩岸的互動往來開始頻繁，對立關係也逐漸緩和。

在這樣的氛圍中，一九八八年，李登輝總統上任後，兩岸政府開始透過「祕密使節」私下進行溝通；一九九一年，我國成立海峽交流基金會（海基會）、中共成立海峽兩岸關係協會（海協會），作為兩岸官方聯繫的機構，試著建立兩岸友好的交流管道。

這段期間，我國政府成立「國家統一委員會」。一九九一年，國統會通過《國家統一綱領》，指出海峽兩岸應該在理性、和平、對等、互惠的前提下，適當的坦誠交流、合作、協商，建立民主、自由、均富的共識，共同重建一個統一的中國。

而在一九九〇年，野百合學運爆發，學生向李登輝總統提出廢除臨時條款和召開國是會議的訴求，促使一九九一年國民大會廢止《動員戡亂時期臨時條款》，等於認定兩岸不再處於戰爭狀態。

同年《中華民國憲法增修條文》也三讀通過。此次修憲，除了帶領臺灣走向民主外（如同本書第11篇修憲之路所提），也處理了兩岸問題。在前言部分，開宗明義表示：「為因應國家統一前之需要，依照憲法第二十七條第一項第三款及第一百七十四條第一款之規定，增修本憲法條文如左：」，又第十條規定：「自由地區與大陸地區間人民權利義務關係及其他事務之處理，得以法律為特別之規定。」將國家領土定位「自由地區」和「大陸地區」，正式的不再將對岸政權視為叛亂團體。

由上可知，當時我國執政當局的最終目標還是追求兩岸統一，不過已經承認中共在大陸的治權，更正視中華人民共和國存在的客觀事實。

兩岸分治，中華民國到底有多大？

既然我國不否認中共在中國大陸地區的治權，那我國如何看待正被中共統治的領土呢？這一直是個熱門的議題。

二〇一八年，知名藝人吳宗憲上中國節目說了「中國一點都不能少」，暗示臺灣是中國的一部分，引起臺灣網友的批評，吳宗憲本人對此回應，「有不了解的地方，就去看一下憲法」；兩年後，吳宗憲也批評知名網紅「館長」說：「中國說臺灣是中國的一部分，我是在臺灣讀書長大的，高於國家法院所有一切的《中華民國憲法》，明明白白寫得很清楚，中國是臺灣的一部分欸！」

公眾人物常常拿憲法指出，中國大陸是我國的領土。那我們直接來看看憲法怎麼說。憲法本文第四條：「中華民國領土，依其固有之疆域，非經國民大會之決議，不得變更之。」相較於一九三六年的憲法草案（大家所熟知的五五憲草）第四條規定：「中華民國領土為江蘇、浙江、安徽、江西、湖北、湖南、四川、西康、河北、山東、山西、河南、陝西、甘肅、青海、福建、廣東、廣西、雲南、貴州、遼寧、吉林、黑龍江、熱河、察哈爾、綏遠、寧夏、新疆、蒙古、西藏等固有之疆域。」（此時臺灣還是日本的領土，因此並沒有列出臺灣）憲法本文針對領土，其實並沒有採取《五五憲草》中逐一列舉「固有疆域」是哪些地方的制定方式。

不過立法院在一九九二年基於《憲法增修條文》前言的精神，三讀通過了《臺灣地區與大陸地區人民關係條例》（簡稱兩岸關係人民條例），藉此處理兩岸人民之間的互動關係，第一條即明文寫著：「國家統一前，為確保臺灣地區安全與民眾福祉，規範臺灣地區與大陸地區人民之往來，並處理衍生之法律事件，特制定本條例。」同條例第二條則定義「臺灣地區」是指臺澎金馬及政府統治權所及的其他地區、「大陸地區」是指臺灣地區以外的中華民國領土。顯然用「法律」把大陸地區「劃歸」為我國的一部分。

然而在一九九三年，立法院審查中央總預算時，對於是否要刪除行政院大陸委員會、蒙藏委員會等單位預算有所爭議，行政院表示憲法第四條所謂中華民國的領土包括中國大陸地區，以及已經獨立建國的外蒙古。

對此，民進黨立委陳婉真等十八人便想到釋憲，即以立委審查行政院預算時，發生適用憲法「中華民國到底有多大」的疑義為由，聲請大法官對憲法第四條的「領土範圍」進行解釋。

面對燙手山芋，大法官最終作出司法院第三二八號解釋，非常巧妙地認為「固有疆域範圍」的界定，是重大的政治問題，不應該由行使司法權的釋憲機關（大法官）直接來明確解釋。

大法官打起了太極功夫，並沒有直接接下這一球。

在我國司法實務上，包括最高法院和法務部都依據《兩岸關係人民條例》第二條第二款規定，「大陸地區」是指臺灣地區以外的中華民國領土；第七十五條規定：在大陸地區或在大陸船艦、航空器內犯罪，雖在大陸地區曾受處罰，仍得依法處斷。因此大陸地區還是我中華民國的領土，若臺灣人在大陸地區犯罪的話，我國法院還是有管轄權。

不過跳脫憲法從另一個角度來看，國際法上對於領土的主張，強調「有效控制」（effective control），如果僅宣稱領土範圍，卻沒有有效實行治權、沒有排除其他國家實質的統治，這樣的主張只是政治上的宣示，在國際法下實益不大。假設我國修法，規定整個美國都是我國神聖不可分割的疆域，但是國際法還是不會承認我國領土及於美國。

說來說去，兩岸到底是什麼關係？

一九九三年，海基會董事長辜振甫與中共海協會會長汪道涵召開「辜汪會談」，並簽定了四項協議，但民進黨不信任國民黨涉及國家認同、兩岸關係的態度，因此要求對辜汪會談所簽訂的協議進行審議，但行政機關認為協議只是行政協定、並非國與國之間的條約，而不需要送立法院審議。因此，國、民兩黨立法委員陳建平等八十四位就向大法官聲請釋憲。

要請大法官順便釐清一下，兩岸之間的曖昧元素！

大法官指出，條約是「我國和其他國家或國際組織」所締結的國際書面協定，如果條約內容直接涉及國家重要事項或人民的權利義務，並且有法律上效力，就必須送立法院審議。

不過大法官表示，臺灣地區和大陸地區之間所訂定的協議，並不是「國際書面協定」，不適用前述的是否送立法院審議的標準，似乎間接否認兩岸關係和一般國與國之間的關係相同。

既然憲法說不清楚，大官也講不明白，法律甚至把對岸看成自己的領土，導致這數十年來，臺灣更迭了數名領導人，各自對於兩岸關係的解讀有所不同，從早期蔣家的「漢賊不兩立」，到李登輝總統後期的「特殊國與國關係」、陳水扁總統主張「一邊一國論」，再到馬英九總統強調的「九二共識（一個中國、各自表述）」，又到蔡英文總統不承認「九二共識」。

但平心檢視我國至今的法制，還是一直不把對岸視為一般的國家：憲法增修條文和兩岸關係人民條例，仍保留以兩岸統一為目標。兩岸關係人民條例就對岸人士的定位，也不同於其他的外國人；在政府編制下，執掌對岸事務的部門，是大陸委員會（陸委會），而非外交部。

自我認同的方式，決定中華民國／臺灣的未來

中華民國、或是臺灣，到底是不是一個國家呢？我們有自己的憲法，也直選自己的國家元首好幾次了，這真的是一個問題嗎？我們從國際法的角度來看這個問題。

目前國際社會普遍承認的國家客觀要件，是依據一九三三年《蒙特維多國家權利義務公約》的第一條規定，一個國家必須具備：一定界限的領土、固定的人民、獨立的政府、和他國交往的能力。

中華民國具備臺澎金馬的領土、二千三百多萬的人民、中央政府獨立管理臺灣的

事務、也有和其他國家外交往來的事實，好像上述國家的要件都具備了，那為什麼臺灣在國際社會的地位還是有所侷限呢？

這就要講到國際法下的「承認」了。

所謂的「承認」（recognition），是指其他國家單方面的認定某個政治實體（entity）是否具有國家或是代表國家的資格。承認又可以分為「政府承認」和「國家承認」。

「國家承認」，是指他國認定某個新誕生、宣布建國的實體，是否已經是一個國家（statehood）了。而「政府承認」，則是一國內因發生如革命、內戰或政變，而導致非憲政的方式變更政權，並沒有新的國家出現，他國認定哪一個政府才是該國的合法政府，就是政府承認的問題。

可以做個比擬，「國家承認」就像家族企業A公司裡的兄弟不合，因此弟弟離開A公司自立門戶，設立一家「新a公司」，於此同時有兩間公司存在（A公司和新a公司），弟弟在市場上爭取客戶的認同；相對的，「政府承認」的情境，就像家族企業B公司裡一樣兄弟不合，原本董事長是哥哥，後來弟弟拉友好的股東和董事，召開股東會、董事會將解任哥哥董事身分、改選自己為董事長，但哥哥認為此次股東會、董事會召集不合法、董事長改選不合法，認為自己還是合法的董事長——導致B公司雖然還是只有一家公司存在，但是卻有兩個董事長，到底誰才能成為B公司真正的代表人。

中國經歷國共內戰後，一九四九年中華人民共和國建國，而一九一二年建立的中華民國政府還是依舊存在於臺灣。同時出現了兩個政權代表中國。

起先，大多數的國家承認中華民國才是合法代表中國的政府，但隨著國際情勢的轉變，許多國家開始改承認中共政府；而在聯合國，雖曾經美國向時任民國總統蔣中正提議，讓中共和中華民國兩個政府可以同時存在於聯合國，但最終錯過了時機，一九七一年聯合國大會通過二七五八號決議，將聯合國中國代表權，由北京中共取代台北中華民國政府。

因此，「一個中國」成了國際社會的默契，兩岸關係不同於南、北韓或過去的東、西德的狀態，而是政府承認的問題，這也是為什麼友邦國家要和中共建交時，會先和我國斷交的原因——在中共的強力要求下，沒有「兩個中國」的可能。

在國際法上，一個國家的成立，要同時具備客觀要件以及主觀要件。即便一個主體具備了國家的客觀要件，但自己主觀上並不認為自己是一個國家，終究不會在國際上被視為是一個國家。例如波多黎各，雖然客觀上幾乎都具備了國家要件，但主觀上認為自己是美國的一部分，因此其他國家不會雞婆主動給它國家地位。

而臺灣其實具備了國家的四個客觀要件，不過兩岸政府始終不認為臺灣本身是一個國家。中共屢屢稱臺灣是中國的一部分、甚至在二〇〇五年通過《反分裂國家法》來強化這樣的認知；而臺灣當局主觀上似乎也不認為自己是國家。前面介紹過，《憲法增修條文》、《兩岸關係人民條例》、我國司法實務，始終將我國定位成代表中國的政府，而否認自己是獨立於中國的個體。不過在當今國際現實下，要國際社會其他國家否定中共這個經濟、政治強大的實體存在，改承認中華民國為中國的代表，有相當難度[43]。

43 如同王鼎棫在法白網站〈從臺灣要求返還日本光華寮事件，預見「中華民國」被宣告死亡？〉一文所表示：當前述下級審判決，認定臺灣事實上具備國家的條件，擁有光華寮的所有權時，中華人民共和國就會高聲反對說：不可以承認臺灣為國家，這樣等同承認兩個中國，違反一個中國的統一大業與民族情感，讓日本最高法院最後不得不高舉「一個中國」表示，中華人民共和國才是「唯一」代表全中國的合法政府，中華民國的代表性已全然消滅，試問世界各國如果徹底跟進下去，臺灣在大家的認知裡，是否終淪為中華人民共和國的一部分？

如果以兩岸要走向統一為目標，或許當今的條文沒有太大問題；但是如果希望中華民國或臺灣要在國際社會成為一個能夠為自己作主、發聲的獨立個體，或許可以思考，我們憲法等規範所形塑的國家定位，是否有助於中華民國／臺灣走出一條自己的路？

全文回顧

《中華民國憲法增修條文》，以國家統一為目標，承認兩岸分治的狀態；《臺灣地區與大陸地區人民關係條例》以及司法實務，認為中國大陸屬於我國領土、不將對岸視為外國，不認為我國和對岸是個別獨立的主體。從國際法的角度來看，即使我國具備國家的客觀要件，但國內法制的呈現將我國定位成「中國的政府」，等同否定了成為國家的主觀要件。

參考資料

◎黃昭元，〈固有疆域的問題〉，月旦法學雜誌，第六十四期。
◎法律白話文運動，《召喚法力：法律白話文小學堂》，臺灣商務。
◎James R. Crawford: *The Creation of States in International Law*

進入二〇〇〇年之後，我國執政模式開啟了第一次的政黨輪替，品嘗自由權利後的臺灣人更是在百花齊放的議題之上勇於發聲，諸如對過去威權的糾錯與反省，開始倡導轉型正義；縱然有疫情等公益重大事項，也是懂得不該放任政府管制；同婚等少數族群的議題，也成為主流選舉的話題之一。

因此，便經常可以看到大法官出現在許多人權爭議之中；不少大法官更引進留學國的經驗，注入到臺灣的憲政實踐。另個角度來看，便是大法官已充分發揮憲法爭議仲裁，即制衡權力暴衝的功能，憲法精神已慢慢全然約束全體國家運作。

另外，臺灣社會內部也開始學習面對，因為蓬勃自由帶來的多元意見；同時對應科技環境的改變，民主社會的意見交流，也加上了像是虛假訊息的挑戰。如此種種，在人們注意力有限的前提下，將會引發意見難以融合的困境，因而民粹現象也悄然而起，亦將考驗臺灣人民對於憲政觀念的堅持。這時候法制該如何回應，又該如何兼顧我們已視為理所當然的自由價值，還待回歸眾人的意見交流。

因此，在這個時期的臺灣人，對憲法運用愈發成熟，開始學會在不同情形下，都能讓多元並存的自由起飛。

輯四

起飛

自由民主與多元價值的未來

13

轉型正義，真的是政治鬥爭嗎？

作者：王鼎棫

轉型正義並不是訴諸傷痛仇恨的悲情而已，更不是政治提款機，而是給予被害者及家屬知道真相的權利，不再讓加害者有迴避自己責任的空間，更讓世代之間有餘力省思威權統治在歷史上的意義。

重點搶先看

由於臺灣對於轉型正義的意識與執行實在有限，大眾仍停留在過往的潛移默化中，非但察覺不到獨裁者之前打壓異己的動作，竟還能對其國泰民安的神話心存感激，威權幽靈依然冷颼颼地飄在臺灣的上空。

【推薦閱讀】

① 周婉窈，《轉型正義之路：島嶼的過去與未來》，國家人權博物館，二〇一九年。

② 郭松棻等，《讓過去成為此刻：臺灣白色恐怖小說選》（套書），春山出版，二〇二〇年。

③ 日暮吉延，《東京審判》，八旗文化，二〇一七年。

歷史學家史奈德（Timothy Snyder）在《暴政：掌控關鍵年代的獨裁風潮，洞悉時代之惡的20堂課》著作中，提到過一個實驗，測試為何一般人會願意遵從威權。這實驗是由耶魯大學心理學家史丹利．米爾格蘭（Stanley Milgram）所召集，要求耶魯學生跟一般市民電擊隔壁房間的參與者；當然，那些參與者都是米爾格蘭請來的演員，只會裝出一副被電擊的樣子。

儘管如此，許多受試者仍不分青紅皂白，明明與隔壁房間的參與者無冤無仇，在看到他們拍著分隔兩邊的玻璃，劇烈表示心臟很痛，依舊持續聽從米爾格蘭的指示，依序按鈕施加更多電擊，直到對方「演出」失去生命跡象為止。

米爾格蘭發現，受試者面對新環境與新規則，出乎意料地順從，這也意味著當權者如果開發新任務要求民眾去做傷天害理的事，自然會有遵照並妥善執行的人出現，這就是人們願意服從威權的第一步。

這樣與惡的距離，有沒有很熟悉？不就是本書前面提過，威權時期的生活嗎？

如同作者蔡慶樺在《邪惡的見證者：走出過往、銘記傷痛，德國的轉型正義思考》一書所提到：「細讀歷史，從來沒有什麼極權主義政體可以自行運作，那些國家機器的每一個環節，固然有邪惡者主導，但都缺少不了那些平凡的、單純的、甚至心地善良的小螺絲釘，如果不是他們，有誰來讓極權主義運作呢？」

你是忘記了，還是害怕想起來？

雖然已經解嚴，雖然總統已經全民直選，但支持死刑、主張嚴懲加害人的臺灣主流民意，卻對過往威權體制的所作所為，表現出舉世罕見的不以為意，實在是非常強烈的對比與諷刺。直至今日為止，我們從各種報章雜誌所讀到的風向，幾乎都是被害人的身影，很少見到加害人出來表示反省的姿態。

臺灣並不是一個關心「加害真相與評價」的社會。過往如此，曾助長了威權的橫行，而這般放縱對歷史記憶所形成的分裂，也造就了現今臺灣社會對於許多政治議題的歧見，讓我們卡在許多不必要的爭執，無法大步向前，就算憲法所預設的美好價值——如民主與法治，已經重新找回運作的契機又如何？過往威權的既得利益者，同時也學會進化，知道如何透過當代的選舉，繼續掌握建立遊戲規則的權力，換個路徑還是呼風喚雨，一切都來自我們疏於對歷史事實的追究。

面對威權不斷被鞏固，活下來的被害者只能悻悻然告訴自己要放下，所以也才會有政治人物忍不住表示：「過去好好的，現在管它那麼多做什麼。」「傷口已經癒合，就不適合再掀開」這句話也充分體現被害人對過往的不忍直視。而被害者的後代呢，面對權力高牆，一樣也只能抱持悔恨，這是我們期待的轉型正義嗎？

這樣不斷延長的無奈與恨，都是因為歷史真相始終不明，威權靠著謊言，就能不斷保持美化與上位，也讓實際出手的加害者找到自我安慰的出口；在這樣的結構之中，被害者及其家屬的痛苦難以散去，悲傷也不斷輪迴。

蔡慶樺在接受博客來 okapi 專訪時提到：「現在很多人談德國轉型正義，但德國不是一開始就去做。從一九四五年戰爭結束，到一九六八年學運爆發，這二十三年間，在威權環境成長、習慣法西斯主義的德國人，認為自己思想心態會慢慢民主化，就像是『睡眠療法』，認為自己睡一覺起來就不一樣了。」

因此，轉型正義中最重要的事之一，除了讓受害者獲得平反，就是「確認誰是加害者」。確認加害者的目的，除了確認不法的加害行為，讓法治的價值重新獲得確定與強化，更透過確認加害者是「誰」，突顯每個人都有選擇的自由，並應該勇於對自己的選擇負責。

預防勝於治療

然而，極權的到來，並非一夕之間完成，也不僅是前面文章所談到的那種肉眼可見的恐怖，而是出於日常對於偉大事物的期待，讓極權的運作慢慢滲透到我們生活之中。

如同《邪惡的見證者》一書提到，當代人生活在社會裡，不免會倚靠社會主流的想法，尋求並建構自身的意義；德國人過往對極權主義的擁抱正是出於「期待偉大事物能拯救世界的迷夢」，而臺灣於二〇一八年的地方大選到二〇二〇年的總統大選中，「××發大財、或征服宇宙」等口號，正是橫跨古今的場面重現。

這也是因為現代人對於豐富人生的渴望，其實從不停歇，然而身為大環境下的螺絲釘，受限實在太多，難以親自從事各種活動體驗生命，如埃里希・佛洛姆（Erich

Fromm）在《逃避自由》所言：「只好透過不同間接的方式，去感受生命中的興奮與激情，例如酒精、競技性運動，甚至將媒體上的各種角色當作體驗生命的代理人。」

因而，對於現代人來說，自由意志只好依附在各種美好形象上發酵，尤其在臺灣就是各位藉由媒體曝光，散發渲染力的政治人物們。

如果我們對於政治議題的「關心」，又多半來自政治人物與媒體的形塑與加壓，那麼這樣的危機便是：只要領導者持續對政策提出一定口號——無論取得是否正當，抑或是否對未來願景產生衝擊——大眾都會心滿意足接受，就算其他基本價值如「民主與法治」持續處於消磨之中。

這樣囫圇吞棗的意識形態，也正是極權政治「移來」開花結果的沃土。

另外，作者蔡慶樺也在前述專訪提到：「漢娜・鄂蘭（按：政治哲學家，以對極權主義的研究，著稱西方思想界）說，當我們看到不正義的事，有『提出為什麼』的義務，或許無法阻止，但你還是必須去問，否則就是袖手旁觀，讓可能改變的機會消失。」若以這種標準看待納粹時代，確實多數德國人沒有問過「為什麼」，而是眼睜睜看著體制一點一滴被侵蝕，沒有伸手去預防。

也就是說，漢娜・鄂蘭對於納粹屠殺的核心主張就是：只要你參與了執行，你就有可能背負起責任。因為我們的關注重點應該是實際作為是否可以避免，而非周圍的人是否同樣服從；就算個人成為這個大屠殺組織中的工具，出於壞運所導致，但這不影響你依舊決定執行，從而積極推動大屠殺政策的事實；在那個瞬間，服從就等於支持。

比如二〇二〇年爆發的武漢肺炎，政府曾提出許多防範措施，讓民眾備感安心，但隨著疫情與擔憂甚囂塵上，中央對於疫情的管理似乎慢慢踩向了人權的底線。像是中央流行疫情指揮中心在爆發開始沒多久就宣布：「為了確保國內醫療量能，醫事人員除非報准，否則不可出國。」指揮官陳時中表示，希望盡量把醫療人力都留在臺灣，若有特殊情況，可提報再依個案審查予以核准。

然而，限制人民的權利要有依據，並且符合節制，不是只要出於公益的考量，就可以無限上綱。尤其《醫療法》、《醫師法》、《醫事人員人事條例》和《傳染病防治法》並未明確限制醫事人員出國，僅敘明必須遵從主管機關指揮（如醫療法有規定：於重大災害發生時，「醫療機構」應遵從主管機關「指揮」、派遣，提供醫療服務及協助辦理公共衛生，不得規避、妨礙或拒絕），而「指揮」並不包括「限制出國」，如此擴大解釋，是不是會有超出法條本來意思的疑慮？

同時，醫療機構也不等於醫事人員全體，醫療機構也許依法要聽主管機關的話，也不一定等同個別醫事人員都有依照那些規定遵守主管機關命令的義務。

衛福部在相關公告中強調：「防疫如同作戰，而醫療人員是最重要的戰士，目前的防疫成績，是所有醫療人員共同努力的成果，國人有目共睹。」但醫事人員縱使投入作戰，最終也不該變成其他臺灣人民的防疫「工具」，他們也有自由遷徙的需求跟權利，如何「具體證明」有不准出國的「不得已考量」，並提出詳盡配套，才是避免過度壓抑醫事人員，維護其防疫尊嚴的作法。

兩權相害取其輕，若只出於漫無邊際的公務順行或醫療安全，輕易地封殺人身或遷徙自由，順勢開啟對民眾其他權利侵害的風險，進而蠶食民主運作的基礎，可能是隱身其後的得不償失。

用《政治檔案條例》打開一扇希望之窗

由於臺灣對於轉型正義的意識與執行實在有限，大眾仍停留在過往的潛移默化中，非但察覺不到獨裁者之前打壓異己的動作，竟還能對其國泰民安的神話心存感激，威權幽靈依然冷颼颼地飄在臺灣的上空。

《邪惡的見證者》中肯地提醒我們：「記住，重述，才能持續進行」。作者提到，已發生的、已過去的錯誤，不會簡單地在歷史中消失，而會成為不斷糾纏著的傷痛。那麼該如何面對，就是要正視並關心過去，讓加害者負起責任，同時倖存者必須不怕揭開傷口，去與那段歷史交鋒，這樣才可攜手建立正常家園。

我國在二〇一六年十二月通過《促進轉型正義條例》，二〇一七年五月成立委員會，期望委員規畫並開放政治檔案，平復過往不法。委員會還須在兩年內提出調查報告，如果有人想規避、拒絕或妨礙調查，最高可處五十萬元罰鍰。

二〇一九年七月二十四日《政治檔案條例》更經立院三讀、總統公布，明定威權統治時期由政府機關、政黨等所保管的檔案，應自施行日起六個月內完成清查，必要時得延長半年；若相關機關拒絕將審定的政治檔案移歸為國家檔案者，可處最高五百萬元以下罰鍰，並得按次連續處罰。

這些條例的通過，可幫助我們更快地從歷史的茫然陰暗中走出，這是由於過往有許多迫害事件，因為缺乏證據資料，不免陷入一片疑雲之中，而為了回復白色恐怖時期政治受難者的名譽，並釐清加害者們所應確實負起的歷史責任，最重要的依據就是真相了。

時間或許可以掩蓋傷口，但只有真相才能讓它癒合。為避免檔案被不當遮蔽，該條例就規定保密逾三十年的政治檔案，除有法律依據外，視為解除機密，並同時排除其他法規的適用，簡化其他檔案的解密程序，以加速開放；而就算經檢討仍列為永久保密的檔案，也必須經過原核定機關的上級機關同意才可以保密。

「沒有一個受難者不願意追求真相。」白色恐怖受難者、現任臺灣政治受難者關懷協會會長蔡寬裕曾接受訪問指出：在白色恐怖的氛圍下，「眠床通刑場」變成當時社會廣為流傳的一句話，意指經常有人在三更半夜被便衣警察帶走，但家屬不清楚緣由，事後查戶口名簿才知道，當時消失的家人已死亡。正因如此，蔡寬裕表示，不只是倖存的受難者渴望真相，罹難者的家屬也同樣渴望政府歸還真相，為逝去的家人平反，並將歷史公諸於世、被大眾牢記。

「政治鬥爭」的指控一直是臺灣轉型正義揮之不去的困境，但這樣的政治工程，小則慰撫被害人，大則確立民主法治，還有所有族群的和解共生，所以如果只是把轉型正義一味說成是政治鬥爭，著眼之處恐怕有所偏廢。

臺灣是我們的家鄉，我們都希望她愈來愈好。背負著千瘡百孔的痛苦過去，面對「確認誰是加害者」、「慢慢學會有別以往地詮釋政治人物的表現」等重大課題，追求真相的轉型正義能為我們開啟一個希望的窗口，讓我們看見從遠方灑下、引領前行的陽光。

全文回顧

「政治鬥爭」一直是臺灣轉型正義揮之不去的指控。雖然經歷解嚴，還有總統的全民直選，但臺灣主流民意，仍對過往威權體制的所作所為，表現出舉世罕見的不以為意。然而這樣的政治工程，小則慰撫被害人，大則確立民主法治，還有所有族群的和解共生。若不能好好處理，憲法所預設的美好價值，就算在解嚴後，也很難重新找回運作。過往威權的既得利益者，同時也學會進化，知道如何透過當代的選舉，繼續掌握建立遊戲規則的權力，一切都來自我們疏於對歷史事實的追究。因此，我們就該共同關心過去，陪伴倖存者面對傷口，讓加害者負起責任，一起反省那段歷史真相，如此才可攜手建立正常家園。

參考資料

◎王君盈、陳韋彤、柯博文，〈轉型正義工程困難，白恐受難者盼大眾牢記歷史真相、捍衛人權〉，新聞人 http://www.newspeople.com.tw/npro-200225-01/
◎提摩希・史奈德，《暴政：掌控關鍵年代的獨裁風潮，洞悉時代之惡的20堂課》，聯經，二〇一九年。
◎埃里希・佛洛姆，《逃避自由：透視現代人最深的孤獨與恐懼》，木馬文化，二〇一五年。
◎蔡慶樺，《邪惡的見證者：走出過往、銘記傷痛，德國的轉型正義思考》，天下雜誌，二〇二〇年。
◎諶淑婷，〈德國的學校教育曾刻意跳過納粹那段歷史？——專訪蔡慶樺《美茵河畔思索德國》〉，okapi閱讀生活誌 https://okapi.books.com.tw/article/11802

14

可以舉著疫情大旗，無限度把人關起來嗎？

作者：劉珞亦

為了疫情的管控，賦予政府更大的權力是合理的，但問題就在於，我們什麼時候要收回來？以及在那樣特殊的情況下，我們需要什麼樣的監督機制呢？

▶重點搶先看

在公共安全受威脅時，政府往往面臨到要維繫社會安全，並限制人民多一點的基本權，抑或是堅守保障人權的機制，不要隨便出手。在恐懼蔓延下，多數人民希望自己不要得病，所以愈多管制、隔離愈好，但此時不免也會讓國家法治開了個洞，以人民的恐慌來合理化漏洞的正當性，最後有可能成為侵害人權的破口。

【推薦閱讀】

① 提摩希・史奈德，《重病的美國：大疫情時代的關鍵4堂課，我們如何反思醫療、人權與自由》，聯經，二〇二〇年。
② 麥克尼爾，《瘟疫與人：傳染病對人類歷史的衝擊》，天下文化，二〇二〇年。
③ 賈德・戴蒙，《槍炮、病菌與鋼鐵：人類社會的命運》（25週年暢銷紀念版），時報出版，二〇一九年。

二〇二〇年春節，源自中國蔓延至世界的武漢肺炎，引起全球的恐慌，也造成大量的人類感染，甚至死亡。這樣的疫情，讓人想起二〇〇三年曾經爆發的SARS事件，更讓人想起那個因為防疫封院而引起的大法官解釋。

SARS事件，究竟怎麼爆發？

SARS當年是在二〇〇二年中國廣東爆發，SARS傳染性不低且死亡率高，但因為中國政府隱滿疫情，導致疫情迅速擴散全球。直到二〇〇三年三月十四日，台北市爆出第一起SARS病例。這場疾病造成了約三十個國家淪陷，並且導致八千零九十六名病例、七百七十四人死亡；臺灣三百四十六名患者，七十三人死亡[44]。

不過，真正的危機在台北市和平醫院，當時院內爆發集體感染，因此台北市政府依據當時的《傳染病防治法》規定，如果你和病人接觸或疑似被傳染，就可以被主管

44 嚴重急性呼吸道症候群，疾病介紹。中華民國疾病管制署。

機關留驗，甚至有必要，可以到指定地點檢疫，或是施行預防接種等必要處置。

當時台北市政府就在這樣的規定下，公布「臺北市政府SARS緊急應變處理措施」，曾經可能和感染者接觸的和平醫院員工，就要回去醫院「集中隔離」。所以和平醫院附近都遭封鎖，一度引起當時臺灣社會嚴重恐慌。

醫院封院，醫師落跑？

當時大部分的人都十分配合，但其中有一個人不這麼認為。一位周醫師，接到命令時，認為回去醫院絕對死路一條，因為就他專業判斷，和平醫院內部的設施，根本不可能隔離一千多人，只會造成院內交叉感染，疫情更加險峻。所以他決定自行進行居家隔離，以及透過傳真、投書等方式傳遞「不可入院交互感染」的訊息。等到事件落幕後，台北市政府卻宣布他是「落跑醫師」，對他進行處罰。

他提出抗辯認為，當初幾十個人共用一間浴室、根本完全沒有隔離，甚至沒有告知家屬原因，就將受感染死亡的患者迅速火化，封院根本是錯誤政策。之後，他提起行政訴訟，敗訴後，進而聲請大法官解釋，他主張有一個法條違憲。

這個法條就是當時《傳染病防治法》第三十七條（後來已有修正）：「曾與傳染病病人接觸或疑似被傳染者，得由該管主管機關予以留驗；必要時，得令遷入指定之處所檢查，或施行預防接種等必要之處置。」

他主張這個法條違憲有好幾個理由，其中最重要的理由在於，如果主管機關要利用這個法條來進行強制隔離，那就是一種對憲法第八條保障的人身自由加以限制，如果要限制人身自由，就一定需要事後的司法救濟權，例如要有「法官」來做審核，但當時制度沒有法官審核機制就強制隔離人民，所以違反「正當法律程序」。

釋字第六九〇號：沒辦法，防疫貴在迅速？

為什麼當事人會主張要「法官」來審核？是因為在臺灣法制下，如果人身自由要限制，很多時候都需要法官來審核。例如要「羈押」，過去由檢察官自己決定，被大法官宣告違憲，現在才變成由「檢察官」來聲請，但由「法官」來裁定。或是外籍移工要被收容，移民署最多一開始只能收容十五天，如果超過十五天，或是在十五天內被收容的人認為移民署違法，就要交給法官裁定是否要繼續收容。

這樣做的原因，在於法官並不像行政權一樣代表國家，要處理很多常態性的問題，他比較能居間代表國家的法律，用一個比較中立客觀的角度來審查，也會距離公平的可能性較近。但在司法院釋字第六九〇號中，大法官卻認為這是基於「醫學專業及迅速防疫」的要求，強制隔離不該由法院決定，而應由主管機關決定，這樣才能符合醫療判斷的專業性，因此並無違反「正當法律程序」。

大法官甚至這樣說，他們認為這種因為傳染疾病而導致被隔離的狀況，跟一般羈押程序是需要中立、公正的法院來決定是不一樣的。這種疫情的防治，是需要相關機關來訂定相關的防疫計畫，例如預防接種、傳染病預防、疫情監視、通報、調查、檢驗、處理及訓練等措施，由具有醫療或是公共衛生專業的主管機關來處理，會比較好，所以就算沒有經過法官決定就限制人民的人身自由，也是可以的。

就算如此，大法官還是不免有些疑慮。

大法官說，雖然不需要法官來決定，但是畢竟是限制人身自由，所以還是不可以限制過長，大法官在釋字裡面也順道提醒了立法院，還是要制定一個合理的最長期限，並且要想辦法建立一些讓受隔離者或是親屬如果不服可以請求法院救濟的機制，更要有一定的合理補償機制，所以要盡快把相關傳染病法制漏洞給補起來。

不同意見：一定需要法官作為制衡？

大法官的多數意見雖然採取「合憲」的結論，但有些大法官還是不能接受這樣的結果。許多不同意見，都指向一個結果，只要是限制人民的「人身自由」，都一定需要「法官」審核的機制，雖然不一定要在二十四小時內決定，但至少要設計出一個合理的期間，讓法官好好審核。

少數意見指出，限制人民的人身自由這件事，畢竟是重大基本權的剝奪，程序設計一定要謹慎，正如羈押程序一樣，讓聲請羈押的一方盡到說理義務，讓事情透明化、人民有知的權利，也有相應的公正第三方來作主，才能徹底保障人民的人身自由。

但也有大法官反駁前述少數意見認為，如果讓法官在傳染病的人身自由限制案中審核，也不過是讓法官變成橡皮圖章而已，沒有必要。總之，可以看到多數意見雖然認為沒有法官審核是合憲，但是要建立相關的配套機制，但不同意見則是認為沒有法官審核機制就是違憲，兩者論點的碰撞就在：相關疫情管制，要不要法官決定。

疫情後，臺灣法制的前進

SARS過後，立法院及時重新修正了《傳染病防治法》，讓法制面更趨完整，例如在施行細則中便提到，在做必要處置時，要注意當事人的身體及名譽，不可以超過必要的程度。另外，二〇一四年時，立法院三讀通過《提審法》，第一條明確規定：「人民被法院以外之任何機關逮捕、拘禁時，其本人或他人得向逮捕、拘禁地之地方法院聲請提審。但其他法律規定得聲請即時由法院審查者，依其規定。」（簡單來說，提審，就是向法院說我被限制人身自由是不對的，法官你來審核一下。）

換句話說，在傳染病下被強制隔離，應該給予受強制隔離治療的人民救濟的管道。例如現在的《傳染病防治法》第四十四條，就有規定，要由主管機關公告的防治措施來處理，並且要通知本人或是家屬。因此被隔離時，主管機關會發一個「法定傳染病隔離治療通知書」，其中就有寫到：「您或您的親友有權利依照提審法的規定，向地方法院聲請提審」；且「衛生福利部疾病管制署」修正「法定傳染病病患隔離治療及重新鑑定隔離治療之作業流程」，有興趣的話也可參考。

如果要提審，法院受理後，要向機關發出提審票，並在二十四小時內應將受強制隔離治療的案件交給法院。若法院審理後認為不應受強制隔離治療，則應裁定釋放；若認為應強制隔離治療，就駁回提審聲請，但就駁回之裁定，當事人不服得向上級法院提出抗告，作為最終救濟途徑。

當然，法官可以做裁定，不代表他就會隨意做出釋放的決定，這個制度只是希望透過法官當作最後一道防線，避免不公平情事發生。經過釋字六九〇號之後，原缺乏法官審核的機制，也在其他法律相應修改或通過後加以法制化，只是當事人還是要有主動提起的認知。

看到這邊，讀者應該可感受「疫情管制（也可代入其他社會公益）」與「基本人權」，這兩者之間的權衡，是一件非常困難的事情。

在公共安全受威脅時，政府往往面臨到要維繫社會安全，並限制人民多一點的基本權，抑或是堅守保障人權的機制，不要隨便出手。在恐懼蔓延下，多數人民希望自己不要得病，所以愈多管制、隔離愈好，但此時不免也會讓國家法治開了個洞，以人民的恐慌來合理化漏洞的正當性，最後有可能成為侵害人權的破口。

正如當年在前述釋字中的許玉秀大法官所說：「當代憲政體制建立在對體制的悲觀上[45]」，所以需要相互制衡。但這樣的制衡會不會造成效率變慢，反而讓事情無法解決？理想上，隨著法治愈趨成熟的社會，我們透過專業的展現來保護社會安全，但安全和人權，兩者則應該努力取得平衡，這便是憲法上永恆的辯論與難題。

相較過去威權時期，如今我們懂得爭取，對於人身自由的保障，也算是慢慢前進。

45 司法院釋字六九〇號許玉秀大法官不同意見書內容。

全文回顧

因為臺灣爆發 SARS，所以台北市政府突然下令將和平醫院封院，導致許多人被關在裡面隔離，然而這樣的做法在法律規範上極為模糊，因此產生法律上的爭議，一般來說限制人民的人身自由時，必須要經過中立客觀的法官同意，但因為這種傳染病的特殊性，導致是否需要法官產生爭議，也引發了後來的修法。

參考資料

◎釋字六九〇號解釋，以及其意見書。https://cons.judicial.gov.tw/jcc/zh-tw/jep03/show?expno=690

15

從街頭到釋憲、從公投到專法：亞洲第一的同婚接力賽

作者：**李柏翰**

婚姻平權是臺灣史上少數引發世界矚目的法律事件，也被視為同志運動重要里程碑之一，但仍有許多人「受禁錮於暗櫃內」（大法官語）或遭受性霸凌、騷擾和歧視，同婚絕非性別平權的終點，親密民主化這場運動仍須眾人之力堅持下去。

重點搶先看

各地都有人在爭取同婚，每場婚權運動因不同社會脈絡與政治情勢而發展出因地制宜的需求、策略與路徑，但它們的相似之處在於挑戰排他的法律系統，改寫婚家圖像，拓寬權利保障的範圍。在臺灣，超過半甲子的同志運動加婚權抗爭並非橫空出世，每個階段都反映了公民社會內部的斡旋，而國家機器從冷漠到反省，才終於撐起對話的空間。……同性伴侶並非自始受到法律歧視的，而是異性婚姻法制化所促成「伴侶關係」之結構性的歧視……縱然婚姻法制化是出於政治經濟等理由，成了保全家庭最簡易的手段，但若法律助長了婚姻（進而家庭）的本質主義，而排斥其他人用其他形式建立家庭，該法律制度就有一直被檢討的必要，以確保每個人的公民權優先任何法律制度。

【推薦閱讀】

① Ryan Conrad (edt). *Against Equality: Queer Revolution, Not Mere Inclusion.* Chico: AK Press. 2014

② 臺灣同志諮詢熱線協會，《彩虹熟年巴士：12 位老年同志的青春記憶》，基本書坊，二〇一〇年。

③ 張宏誠，《同性戀者權利平等保障之憲法基礎》，學林文化，二〇〇二年。

④ 莊慧秋主編，《揚起彩虹旗：我的同志運動經驗，1990-2001》，心靈工坊，二〇〇二年。

⑤ 陳美華、王秀雲、黃于玲編，《欲望性公民：同性親密公民權讀本》，巨流圖書，二〇一八年。

⑥ 謝文宜，《衣櫃裡的親密關係：臺灣同志伴侶關係研究》，心靈工坊，二〇〇九年。

一九八六年，祁家威及男伴到台北地方法院公證處登記結婚，遭公證人拒絕。他向立法院請願，得到「同性戀者為少數之變態」的回覆。三十幾年過去，愈來愈多同志現身，每年同志大遊行在街頭百花齊放，婚姻平權運動的消息更時常占據新聞版面。

二〇一五年祁家威捲土重來，在臺灣伴侶權益推動聯盟（簡稱伴侶盟）陪同下，向司法院提出釋憲聲請。走三步退兩步的平權之路，從同性性傾向去病化，到風起雲湧的婚權運動，每次突破都需要用許多人的血淚交換，比如二〇一六年畢安生教授因其與伴侶曾敬超先生的關係不被法律與曾家承認，而伴侶過世後更陷入孤立無援的處境，最後選擇結束自己的生命。

二〇一七年五月二十四日，出爐的釋字猶如一盞探照燈，大法官認定「民法違憲」的結果，經過了數十年努力才實現。當下，平權之路看似光明，但以護家盟、幸福盟為首的宗教保守勢力反撲力道更強大，自此婚權與護家運動之間的競爭愈加密集緊湊了。

情節高潮迭起，二〇一八年四月十七日，中選會通過一系列不利同志權利的公投提案，同年十一月二十四日的公投結果，讓同志運動訴求兵敗如山倒，眾人莫不錯愕。立法院於二〇一九年五月十七日依照反同婚公投的結論，通過專法《司法院釋字第七四八號解釋施行法》，成為最後「釋憲與公投」交互運作的折衷結果。

本來，多數人若在新聞上看到「大法官作出第幾號解釋，宣告什麼法規違憲」，除了面對國家考試的考生，通常不太會引發什麼討論，但二〇一七年的「同性二人婚姻自由」釋憲案卻在朝野掀起風波，甚至帶動選舉的風向。因此，本文將以當年扭轉婚權運動局勢的司法院釋字第七四八號為分水嶺，回顧過去、照看未來。

憲法守護者的婚家藍圖

回首二〇一三年，司法院釋字第七一二號曾指出：憲法保障每個人的人格都能自由發展，不受國家恣意干涉，而透過婚姻組織家庭的過程，更能為配偶及子女帶來幸福。大法官因此認為，家庭是社會運作的基石，而婚姻應是所有人都能擁有的人生選項。

由此來看，當祁家威案件出現時，應能想像大法官將接受婚姻平權的主張，而採肯定態度。然而，成也大法官，敗也大法官，司法院另一個釋字第五五四號卻曾表示，婚姻為「一夫一妻……之生活共同體」，成了當時護家陣營手中最強的武器。

二〇一七年三月二十四日，憲法法庭召開了釋憲案的言詞辯論。從發問中，可觀察出大法官關心的問題包括：婚姻到底是多數人民同意下的制度，還是個人的一項基本權利？立法院正在審議多個同婚草案，司法是否適合介入？這多少反映對於是否應以司法權介入同婚爭議，大法官一開始其實並不太有把握。

因此，須先確定「進入婚姻」為個人基本權的範疇，司法權才能發動。兩個月後的五月二十四日，大法官即作成限制「一夫一妻」的婚約等民法規定違憲的解釋，也就是司法院釋字第七四八號解釋。當然這些努力都不是憑空而來，早有人不斷倡議相關權益，社會可不會無故進步。

婚姻平權進入立法範疇

一直有在關注同運或婚權運動的人，應該都還記得當年沸沸揚揚的「多元成家」草案。那套矢志翻修《民法》的基進倡議，就是由伴侶盟起草的，搭配自九〇年代風起雲湧的婦運、性運、同運等社會運動，其實早就在二〇一七年釋憲前，一度送入立院審查。

其中，允許同性伴侶結婚的婚姻平權部分，率先獲得足夠立委連署，在二〇一三年十月二十五日就通過了一讀，可惜最後並沒有走出司法及法制委員會，就胎死腹中了。反觀另外兩套草案——「伴侶制度」及「家屬制度」——因為大部分人似乎較無法想像與非血緣親屬共組家庭的可能性，最後則幾乎乏人問津了。

事實上，二〇〇一年三月十三日法務部草擬的《人權保障基本法草案》，其中第二十四條就提到「為保障同性戀者人權……同性戀者得依法組成家庭及收養子女」；但後來整部草案卡在行政院而未進入立法程序，雖然可惜，但也將同婚議題帶進立法者的視野。

二〇〇六年十月，民進黨立委蕭美琴提出《同性婚姻法草案》，遭到賴士葆等二十三名立委反對，因此草案退回程序委員會，後來委員會退回了草案而沒排入議程。二〇一六年立委尤美女、林靜儀再度提案修《民法》親屬編，獲得三十三位跨黨派立委連署，可惜仍在婚姻平權的釋憲結果出來前，無疾而終。

社會變遷成為政治契機

從街頭、立法到釋憲的過程中，臺灣社會本身其實也發生了很多事，尤其是二〇一四年的太陽花運動，徹底翻轉了臺灣的政治板塊與格局，為社運與參政注入新能量，也順勢埋下了平權思想的種子。很快地在二〇一五年五月二十日，高雄成為第一個開放戶政系統接受同性伴侶註記的地方政府。

民進黨總統候選人蔡英文的婚權政見（為力挺二〇一五年台北同志大遊行，還在競選總部外投影「彩虹燈牆」加上彩虹悠遊卡），最終在二〇一六年大選勝出。儘管整個婚權運動總是走三步退兩步，但大家慢慢長出信心，感受到臺灣社會改變的潛力。

老實說，最終還是透過大法官的及時介入，才加速了整個修法進程的動能。二〇一七年五月二十四日大法官會議作成「民法違憲」的解釋，雖然留下了民法與專法二選一的空間，如此捉襟見肘卻也還算皆大歡喜。畢竟事實上，這並不是祁家威第一次聲請釋憲，甚至過往還嘗過不受理駁回的滋味，但終究令人欣慰的是整起事件從乏人問津，到舉國辯論。

具體來說，二〇〇〇年九月，當年祁家威第一次聲請釋憲時，遭到大法官決議不受理，是因大法官認為那不關他們的事（是立法者的權限）；而這次不僅被受理了，還難得召開言詞辯論庭，甚至最終還在記者會附上英文版的解釋文與理由書，可見國家不僅在回應國內社會變遷，也認知到這是一起全球關注的事件。

國家用釋憲向同志道歉

在司法院釋字第七四八號中，大法官其實很小心（或者也可以說成偏保守），援引許多醫學與科學證據與聲明，如世界衛生組織、泛美衛生組織、世界精神醫學會、美國心理學會、臺灣精神醫學會等，作為同性性傾向者其實是「正常人」的依據，所以應該享有所有公民權利。

在論證同性戀者具有婚姻自由、家庭權等基本權的資格時，大法官承認「在我國，同性性傾向者過去因未能見容於社會傳統及習俗，致長期受禁錮於暗櫃內，受有各種事實上或法律上之排斥或歧視。」不過，以科學作為公民權資格的前提是危險的。

其邏輯是：因為是正常人，所以也是有資格受到憲法完整保護的公民，而早年將其排除在婚家制度之外，是因為國家不夠理解這群人（早年金歹勢，國家不懂你們苦）。因此，「去病化」成了憲法認證之享有完整公民權的前提，那麼未來國家可以用懷有疾病與否，任意給予權利的差別對待嗎？

另一起幾乎與釋憲案同時發生的事，衛福部原訂於二〇一七年三月禁止「性傾向扭轉治療」；沒想到有近百件反同團體的抗議書信湧進，認為這剝奪了同性戀者自願改變性傾向的權利。後來遲至二〇一八年二月二十二日，衛福部終於發布了衛部醫字第1071660970號函釋，確認「性傾向扭轉治療」不屬醫療行為，若有人員或機構執行之，依相關法規處辦。

公投人海戰術全面啟動

歡天喜地的日子不長，以民主之名、「代表沉默多數人」（他們的言談起手式：「剛好都有一些同志朋友」）的「愛家公投」出現了——鬆綁過後的《公民投票法》

成了同婚新戰場。依釋字來看，大法官雖為同婚合法一鎚定音，但要「入民法」或「立專法」則交給立法者決定，也讓反同團體有了用公投綁定選項的空間。

事實上，在釋憲前，下一代幸福盟就經常主打「婚姻家庭，全民決定」的口號，既然釋憲後主戰場又拉回了立法院，愛家公投當然也緊接出現：「同性別二人經營永久共同生活≠民法婚姻」，故只能用「民法規定以外之其他形式」等於「專法形式」來保障。

再來發生的事，就是在二〇一八年的公投戰。其中最關鍵的就是，與同婚有關的第十案：「你同意民法婚姻規定應限定在一男一女的結合」，和第十二案：「你同意以民法婚姻規定以外之其他形式來保障同性別二人經營永久共同生活的權益」的兩項命題。

公投結果確認「專法派」的人海戰術成功了。由於大法官要求立法院在二〇一九年五月二十四日之前完成修民法或立專法，這下子大夥兒緊張了，立法委員和民間團體都卯足了勁在想，到底要怎樣才能訂出合憲且合乎公投結果的專法：法案名稱、具體設計成為了最終爭議點。

終局之戰與立法的藝術

公投之後，立法院當然要盡量滿足「不要動民法婚姻規定」的主流民意，所以要立專法；而基於新法又一定要符合憲法的要求（承認並平等保障「同性別二人經營永久共同生活的權益」），因此這個折衷磨合的過程中，出現了許多頗具創意的提案。

事實上，同婚合法化的過程從不順遂——從最早同婚只是多元成家理想的基礎，到同婚成為最大公約數，再到反同公投後民法動不了——甚至連訂立專法，各方對於法規內的用語、內容都充滿歧見，送議的草案也出現了不同版本。

在總統跟行政院長力推下，最後定調三大草案，包括《公投第十二案施行法》（幸福盟遊說、國民黨立委賴士葆提出）、《司法院釋字第七四八號解釋暨公投第十二案施行法》（信望愛基金會遊說、民進黨立委林岱樺提出），以及行政院版。

行政院版，同性二人所建立之永久結合關係（俗稱「第二條關係」）準用民法上關於配偶的規定。與其差異較大的是立基於「共同生活法」草案的《公投第十二案施行法》，透過「同性家屬」（而非婚姻）來定義同性伴侶的身分，相關權利限於醫療事務代理、生活照顧義務、共有財產、遺產分配等事項。《司法院釋字第七四八號解釋暨公投第十二案施行法》亦類似，但提出「同性結合」這個新概念，且不涉及收養及財產繼承議題。

最後在二〇一九年「國際不再恐同日」（五月十七日）當天，立法院針對三個不同版本的同婚專法草案進行表決。在民進黨多數立委支援及部分國民黨立委「跑票」的情況下，行政院版的《司法院釋字第七四八號解釋施行法》闖關成功，順利三讀通過。

通過期中考的亞洲第一

通過《七四八號解釋施行法》，臺灣才名正言順在同婚部分成為所謂「亞洲第一」。從標題來看，這部法案顯然是配合大法官介入所衍生的產物，其賦予同性二人「為經營共同生活」而有「成立具有親密性及排他性之永久結合關係」的權利，照抄釋字內容，不多也不少。

同性伴侶並非自始受到法律歧視的，而是異性婚姻法制化所促成「伴侶關係」之結構性的歧視；這或許可追溯自一九四五年中華民國接手臺灣時所實行之民法（一九二九年頒布），或如本書第2篇所提到，自一九二三年起日本內地政府宣布日本民法典直接適用於臺灣之時。

縱然婚姻法制化是出於政治經濟等理由，成了保全家庭最簡易的手段，但不可否認的是，若法律助長了婚姻（進而家庭）的本質主義，而排斥其他人用其他形式建立家庭，該法律制度就有一直被檢討的必要，以確保每個人的公民權優先任何法律制度。

針對歷史上正當化異性戀霸權，同婚法制化則隱含了轉型正義的潛力，不過這是大家歡慶「亞洲第一」封號時較少談到的事。這部專法目前還有許多缺失有待補強（例如說同婚的雙方，目前仍禁止收養皆不具血緣關係的孩子），考驗著自詡能容許多元價值的自由民主臺灣社會，如何解決接下來的政治僵局。畢竟法律只是薄薄的幾張紙，還有許多人想著如何在未來透過取得治理的權力，把它改回原本歧視的樣貌。

全文回顧

世界各地都有人在爭取同婚，每場婚權運動因不同社會脈絡與政治情勢而發展出因地制宜的需求、策略與路徑，但它們的相似之處在於時時挑戰著排他的法律系統，改寫婚家圖像，拓寬權利保障的範圍。在臺灣，對性少數群體的歧視當然不只是個人的問題，而如大法官所言，是整個社會發展的歷史產物。因此，超過半甲子的同志運動加婚權抗爭並非橫空出世，每個階段都反映了公民社會內部的斡旋，而國家機器從冷漠到反省，才終於撐起對話的空間。

參考資料

◎李柏翰，〈雨過，應該就會天晴吧？——妥協後的「亞洲第一」同婚合法化〉，《宿舍 199X dorm》第二期，二〇一九年。
◎李柏翰，〈婚姻平權及親密公民權的爭戰：一個眾多霸權論述共構的場域〉，《臺灣人權學刊》，二〇一九年六月。
◎法律白話文運動，《婚姻平權與同志權益》專題 https://plainlaw.me/anthology/marriage-equality-2/
◎法律白話文運動，《召喚法力：法律白話文小學堂》，臺灣商務，二〇一九年。
◎官曉薇，〈婚姻平權與法律動員——釋字第 748 號解釋前之立法與訴訟行動〉，《臺灣民主季刊》，二〇一九年三月。
◎陳昭如，〈從男女平權到異同平權：釋憲運動要到什麼樣的平等？〉，《婦研縱橫》，二〇一七年十月。
◎婚姻平權大平台，《婚姻平權大平台 2016-2017 工作報告書》，http://equallove.tw/articles/67
◎簡至潔，〈從「同性婚姻」到「多元家庭」——朝向親密關係民主化的立法運動〉，《臺灣人權學刊》，二〇一二年十二月。

16

如果立法允許社群平台，把政治人物帳號封掉？

作者：王鼎棫

飯不能亂吃，話不能亂講；
言論必須負責，
但管制也要遵守比例原則。

▶重點搶先看

言論自由並非無敵王牌，在不實或煽動言論令意見群體極化、造成分化意識流竄的今日，也該正視其管制的必要性。換句話說，政府依照政局的發展，不排除按憲法比例原則的精神，取得重新調整言論自由市場失靈的正當性，譬如限制特定爭議言論的主張，或因在無明顯而立即的損害，適時放寬相關言論管制的鬆緊度。

【推薦閱讀】

① 肖莎娜‧祖博夫，《監控資本主義時代（上卷：基礎與演進；下卷：機器控制力量）》，時報出版，二〇二〇年。
② 莉姿‧歐榭，《數位時代的人權思辨：回溯歷史關鍵，探尋人類與未來科技發展之道》，臺灣商務，二〇二〇年。
③ 賴瑞‧戴雅門，《妖風：全球民主危機與反擊之道：當俄羅斯正面進攻、中國陰謀滲透、美國自毀長城，我們該如何重振民主自由的未來？》，八旗文化，二〇一九年。

選舉抹黑就下架，我們該管制社群平台嗎？

中央社報導，二〇二一年一月六日，美國國會大廈發生數百名總統川普支持者硬闖事件後，推特公司（Twitter Inc）即表示，由於有進一步煽動暴力行為的風險，因此將永久停用川普的推特帳號。推特在推文中說：「在仔細審視川普帳號 @realDonaldTrump 近期發出的推文與相關內容後，由於有進一步煽動暴力行為的風險，我們已永久停用這個帳號。」

回頭看社群媒體的出現，除了讓社會大眾可以用更便利、更主動的方式來表達意見，賦予各使用者更多揮灑的空間，亦相當有助於公共意見的形塑與凝聚。

但水能載舟，亦能覆舟，這種傳播工具逐漸成熟之後，不僅大幅降低資訊傳播的成本，且憑藉社群成員不知不覺極化的互動，還有付之闕如的法令管制，都在在塑造便於傳布虛假訊息、煽風點火的環境條件。

我們常聽到「應交由言論自由市場自己決定」的說法，這樣是把「言論資訊」比喻作「商品」，且透過開放的市場環境，讓閱聽者自行比較不同的內容之後，期待壞的資訊內容自動被淘汰。

不過，就像真實的交易世界一般，市場的淘汰機制可能也有失靈的現象發生。如何確保不同網路活動者的言論自由、資訊取得的正確性，以及是否該讓社群平台對平台上言論「編輯裁量」、是否有讓平台成為私人審查者的風險，就是接下來的觀察重點。

從言論自由被侵害談起

廣義來說，言論自由意味著我們可以擁有透過說話、著作、新聞報導或集會遊行等方式，表達一定想法於外的空間。因此，像是演說、講學、出版、集會遊行等傳統呈現，歸為言論表現，自然沒有太大爭議，然而在網路上使用文字、圖片或張貼網路連結的表現，因為和前開傳統的言論類型一比，同樣具有表達自我和說服他人的意涵，所以自然也可把它們列為言論表現的一環。

因此政府如果擬具草案，要求社群平台在一定條件下，移除一定言論內容、刪除其帳號等其他處置，即命業者代替政府——從事篩選過濾特定內容或資訊的工作，以防止不當或煽動言論內容的擴散，即屬言論內容本身的管制無疑。

在我國憲法之下，就必須考量言論自由與公共利益間的權衡。

在司法院大法官釋字第六一三號中，大法官即從民主政治的運作原理，闡述傳播媒體之「公共功能」，強調立法者有妥善管制媒體的義務。

該號解釋指出：通訊傳播媒體是形成公共意見之媒介與平台，在自由民主憲政國家，具有監督包括總統、行政、立法、司法、考試與監察等所有行使公權力的機關，及監督贏取執政權、意欲影響國家的政黨等功能。所以為了維護這樣的「公共功能」，政府即有在合乎比例原則的權衡前提下，進行合理管制的權限。

如何看待授權平台過濾政治言論的法案？

這邊要借用比例原則，這是一種權衡公／私益的觀察角度，其思考步驟就是：討論限制手段的目的是否正當，是否出於對一定公益的保障，緊接再思考：限制手段是否能達成限制目的，再來觀察：所有能達成目的的限制手段之中，我們是不是選擇了侵害最小的那一個，最後要注意：因限制所增進的公益，是否確實優先於所限制的私益，避免輕重失衡。

而像川普這次帳號被封，就是針對政治性言論內容所做的管制；在臺灣，一般認為應該出於具體迫切的需求。最著名的爭論，就是用「集會遊行法」禁止「主張共產主義或分裂國土」的行徑。

司法院大法官釋字四四五號明白指出：在一開始申請集會、遊行的時候，主管機關若只是因為申請人有推動此一主張的想法，卻對社會秩序、公共利益毫無「明顯而立即危害」的事實，即不予許可或逕行撤銷許可，則無異僅因主張共產主義或分裂國土，即禁止集會、遊行，乃過度干預集會、遊行參與者表達政治意見的自由，進而違反了憲法第二十三條所定的比例原則。

如同美國前大法官霍姆斯（O.W. Holmes）曾言：當人們堅信自己所說的是正確的，想要鎮壓不同的意見是很合於邏輯的；而不同危機狀態下所衍生的集體恐慌，不免放大了人民對安全受到威脅的想像。因此對言論內容的管制審查，是不可以輕易放棄檢驗目的是否足夠正當。

社群平台上的言論，能否造成明顯而立即危害？

在平台上散布不實或煽動性的政治言論，對民主法治所生的負面結果是否具體迫切，可以從媒體的影響力來輔助觀察：

第一，根據數據：二〇一八年四月的統計，Facebook 的積極使用者帳戶已達二十二億三千四百萬，居全球之冠（其後為 YouTube 與 WhatsApp 的十五億，Facebook Messenger 的十三億，WeChat 的九億八千萬及 Instagram 的八億一千三百萬餘）。

二〇一九年，德國聯邦憲法法院也在相關裁判中提到：「Facebook 是以言論相互交換為目的的開放論壇，又憑藉其遙遙領先的使用者人數，成為最為重要的社群網站，對於意圖傳播政治議程和政治理念的聲請人而言，Facebook 的利用就深具價值且不可替代，而其排除也會明顯影響聲請人與其他使用者主動開啟討論的機會。[46]」

第二，網路具備同時性（synchronicity），而有大規模資訊傳布的功能，可以在同一時間，廣泛迅速地對多個傳輸對象，傳輸不同資訊——尤其是不實或煽動性的政治言論，進而創造輿論、話題，乃至意識形態的植入，以刺激公眾討論，操縱議題風向，影響力可謂無遠弗屆。

第三，平台演算法的變遷，都是為了極大化使用者的注意力，再依據個人偏好主動推送給個別使用者，讓不同使用者容易置身於同質資訊所共築而成的回音室之中。

尤其現代社會關係複雜，生活領域擴大，人們對於資訊固然需求若渴，但當資訊快速產出，且整理大量資訊需要高度成本，對於一般人來說，即難以掌控其全貌，便容易依賴特定來源，並暫時接納其所接觸的政治資訊，無論其品質好壞。

像是日本關西機場二〇一八年九月因強颱侵襲關閉，許多臺灣遊客滯留機場，有

46 翻譯引自蘇慧婕，〈正當平台程序作為網路中介者的免責要件：德國網路執行法的合憲性評析〉，臺大法學論叢第四十九卷第四期，二〇二〇年，頁一九六〇。

網友即在ＰＴＴ上貼文指責我駐日本大阪辦事處態度怠惰，讓眾多旅客只能搭中國派來的巴士離開機場。該篇文章隨即在網路發酵，各方壓力直指大阪辦事處辦事不力；即便事後關西機場證實，未讓任何國家的專車進機場接人，我駐日辦事處也稱未接獲該篇發文所指稱的電話內容，但各界指責大阪辦事處的聲浪，仍一時難以停歇。

總結來說，在社群媒體上大量出現的貼文、圖片及各類網路連結，或出於使用者個人的抒發，或來自集團操作風向下的產物；重要的是，若無適當的管控機制，閱聽者在資訊爆炸的前提下，不得不隨之吞下偏頗甚或錯誤的資訊。

特別是攸關公共議題的政治資訊，如果來自社群上熟識的親朋好友，更容易引發閱聽者對相關內容的信賴，進一步改變對政治人物的認同，並順勢改變政局的走向，所以我們才會經常聽到虛假訊息的散布，對民主政治的正常運作，有所衝擊的說法。

因此，當網路上出現不實言論，如果它的內容非常煽動、傳播速度也隨著網路廣為皆知，並帶來突發性、大規模的暴力活動，這樣的言論就有可能會被認定為「明顯立即危害」。

此外，有些人會說，只需要求國家「事後追究」違法內容的民、刑事責任就足夠了，不需要讓社群媒體下架言論等做法，但這樣的說法一方面應顧慮執法的困難，像是網路言論的跨國性和匿名性等現實條件，二方面也可注意網路廉價言論充斥，隨手即可拋下的內容，將會帶來爆炸性的案件量。

所以，考量國家維持公共秩序的原始任務、公權力偵辦與消化案件的能力，以及社群平台掌控資訊流動的平台地位，由立法者設計規定，要求網路中介者對不實甚或煽動性的政治言論，做出適度的管制，就有一定的空間。

看看外國的月亮圓不圓？

作為歐洲國家管制社群媒體不當言論的先驅，我們可以先來看看德國的實務運作。德國內閣先於二〇一七年四月五日提出打擊網路仇恨言論與虛假訊息的法案，此一「網路執行法」（Network Enforcement Act, NetzDG）即在六月三十日獲國會通過，並於十月一日正式生效。

大致來說，本法要求一定規模的社群媒體（用戶達二百萬以上者），必須在民眾申訴二十四小時內，刪除明顯違反刑法的內容（如重大種族歧視言論）；縱有不清楚而有爭議的部分，也必須在七天內處理完畢，並向投訴者回覆處理結果，若未能確實做到，社群媒體將面臨最高五千萬歐元的罰款，該公司在德國的負責人也會面臨最高五百萬歐元的罰款。

無獨有偶，法國也由該國總統於二〇一八年發想，新增「資訊操作作戰法」，針對選舉期間內（投票日三個月前），對於透過線上公眾傳輸服務，意圖使預定投票之可靠性有損且招致不正確或誤解之指控及引述，經人為或以自動方式，大量散布之際，檢察官、候選人或其他利害關係人得請求法官，命平台業者為一定措施防止該訊息散布；法官且必須於聲請之四十八小時時間內就是否停止作成判斷。

前述德國作法，即招徠過度侵犯言論自由的批評，因為此等立法無疑鼓勵平台業者為了避免罰款，恣意審查爭議內容，長久以來恐將形成寒蟬效應，讓網路言論萎縮；而法國的作法，則引發對民主主義破壞的擔憂，因為有如形同報導的事先檢閱，且實務上難以在四十八小時時間內就是否停止作成判斷。是如倫敦政經學院的媒體政策計畫項目（Media Policy Project），即在其政策建議中強調，政府可以在對付虛假訊息的行動上，扮演會議召集人或觸發器的角色，但行動要特別謹慎小心，以免過度傷害言論自由與媒體自主。

交給業者自律不好嗎？

說到管制不當言論的擴散，也許有人會說：與其交由政府方來決定，其實可以回歸「業者自律」，這樣即屬同樣有效卻侵害較小的手段？像是二〇一九年六月二十一日，在台北市電腦公會居間協調之下，Facebook、Google、LINE、Yahoo奇摩、批踢踢實業坊（PTT）等臺灣五大網路與社群平台，就聯合發布了一份「不實訊息防制業者自律實踐準則」，向外界宣示將透過自律作為打擊虛假訊息。

學者胡元輝在〈臺灣網路平台自律打假訊息，真能符合社會期待？〉文中，指出為何「自律效力有限」？這是因為，上述準則中僅在「實踐與展望」的項目下簡單表達——「同意定期檢討並公布成效」，卻未詳細說明檢討機制，更無任何涉及評鑑機制的內容；且自律機制的背後若無具體明確的工作方針、後續可資檢測的成果報告，還有可以信賴的評鑑機制，那麼就很難對自律成果抱以高度期待。

所以，國家固然可以提交「業界自律」，設立業者所應達到的公共目標；但是當自律成效不彰、導致目標無法確實達成之際，仍然有讓政府依法介入調整架構的可能。

不只管制，更該用對話形成共善

對照歷年「無國界記者」的報告可知：全球獨立媒體的生存日益陷入陰影，在各國意識形態及國家宣傳機制下，媒體自由備受打壓。當然，除了政府，「大型財團」收購媒體的行為也箝制了言論自由。面對言論自由的種種管制，我們自然應該戒慎恐懼。

在此起彼落的事件中，可見政權對揭其瘡疤的媒體就是無法友善，並懂得運用缺乏信任、妨礙公務或國家安全等雲端口號，迴避評斷並遮掩其限制目的，我們該如何防範，當代政權為限制言論自由所丟出的種種話術？

尤其對社群平台的管制？

筆者曾針對美國電影《郵報：密戰》（*The Post*）撰寫影評，那部電影的背景是：當年美國越戰失利，民心思變，政府於是高舉國家安全大旗，拚命阻擋媒體曝光戰情失利。面對這樣政府帶起的巨大壓力，為何當年聯邦最高法院，在身處戰情危急之際，仍能不疾不徐地捍衛言論自由？

我在影評文中提到，判決裡分出勝負的地方，正是「舉證責任」。法院認為，國家一定要證明：報導將對美國政局產生「急迫且不能回復」的影響不可，否則就不能限制文件的系列報導。

回顧社群媒體的管制也是如此，所謂兩權相害取其輕，一方面我們不允許社群媒體上有惡意放出的錯誤或煽動資訊，使市民無法接近正確並完整的資訊，進而破壞政策的充分討論，讓公共監督的機制形同虛設；二方面我們也不該允許用漫無邊際的公務順行或國家安全，輕易地封殺言論自由，戕害民眾的知的權利，逐漸蠶食民主的運作基礎。

像是比較法上，社群平台若不移除違法內容，就會面臨罰鍰風險，很容易讓網站在無法明辨內容違法與否的前提下，就先移除內容。且當用戶因為社群規模，而難以切換平台之際，網站甚至可能根本欠缺好好判定內容是否妥適的動機，就逕自採取自動且系統化的方式，讓資訊眼不見為淨。

在這二種情況下，平台都將導致過度管制，成為另類的言論壓迫者。對此，如學者倡議，可以考慮的因應手段如：規範社群平台讓用戶陳述意見，並說明決定理由的義務，並保障用戶言論的重新上架權，或對於社群網站過度阻擋的情況，設計一定罰鍰因應等等。[47]

言論自由並非無敵王牌，在不實或煽動言論令意見群體極化，造成分化意識流竄的今日，也該正視其管制的必要性。

換句話說，政府依照政局的發展，不排除按憲法比例原則的精神，取得重新調整言論自由市場失靈的正當性，譬如限制特定爭議言論的主張，或因在無明顯而立即的損害，適時放寬相關言論管制的鬆緊度。

然而，管制之外，民主的政治過程之所以可貴，正因為人民有機會面對不同立場

47 同前註，頁一九六二。

的人們，透過真誠的對話與溝通，超越自己侷限的眼界與立場，面對共同體的未來，思考「共善」的所在；若一味取向管制，最終只會帶來寒蟬效應，而適度在各種取向之間，動態保持平衡，是不可或缺的。

全文回顧

二〇二一年一月六日，美國國會大廈發生數百名總統川普支持者硬闖事件後，推特公司（Twitter Inc）即表示，由於有進一步煽動暴力行為的風險，因此將永久停用川普的推特帳號。本文即試著從比例原則，探索如果臺灣立法允許社群平台把政治人物帳號封掉，這樣是否必要？然而，民主政治之所以可貴，正因人們有機會面對不同立場的對象，透過真誠的對話與溝通，獲取超越自己侷限的眼界與立場，面對共同體的未來，一同思考「共善」的所在，一味地取向管制，就只會帶來寒蟬效應，而適度在各種取向之間，動態取得平衡，是不可或缺的。

參考資料

◎王勁力，〈數位匯流時代之通訊傳播匯流法制探究〉，科技法律評析，第八期，二〇一五年十二月。

◎范傑臣，〈從多國網路內容管制政策談臺灣網路規範努力方向〉，資訊社會研究，第二期，二〇〇二年一月。

◎胡元輝，〈商營社群媒體的自律與問責：政治經濟學取徑的批判〉，傳播文化與政治，第八期。

◎胡元輝，〈臺灣網路平台自律打假訊息，真能符合社會期待？〉，網址https://opinion.udn.com/opinion/story/12979/3948344

◎許家馨，〈什麼樣的民主？什麼樣的新聞自由？——從民主理論視野分析美國新聞自由法制〉，政大法學評論，第一二四期，二〇一一年十二月。

◎黃銘輝，〈論無線廣電媒體管制之正當性基礎——以「頻譜資源稀有性」理論為中心〉，臺北大學法學論叢，第一〇七期，二〇一八年七月。

◎陳仲嶙，〈傳播媒體的真實原則——以通訊傳播管理法草案相關規定為中心〉，臺灣科技法律與政策論叢，第六卷第一期，二〇〇九年六月。

◎劉昌德，〈民主參與式的共管自律——新聞自律機制之回顧與再思考〉，臺灣民主季刊，第四卷第一期，二〇〇七年三月。

◎劉靜怡，〈網路內容管制與言論自由——以網路中介者的角色為討論重心〉，月旦法學雜誌，第一九二期，二〇一一年四月。

◎蘇慧婕，〈正當平台程序作為網路中介者的免責要件：德國網路執行法的合憲性評析〉，臺大法學論叢，第四十九卷第四期，二〇二〇年。

特別篇

17

側寫／從同婚公投辯論，看見憲法理念的掙扎

作者：劉珞亦

對於大法官解釋的錯誤解讀，
完全就會是一場災難。

重點搶先看

二〇一八年十一月二十四日，公投支持同性婚姻方全部大敗，確定同性婚姻無法用民法來規範。二〇一九年五月，立法院通過了《司法院釋字第七四八號解釋施行法》，確定用專法來保障同性婚姻，台灣成為亞洲第一個同性婚姻保障的國家。

這場辯論，當然是憲法價值中，憲法第二十二條概括基本權的「婚姻自由」如何成長的歷史。歷史也會清楚的見證，誰在為這樣的價值而奮鬥，誰在阻礙人權的保障；更清楚的看到，誰精準的解讀釋字七四八號解釋，誰扭曲了大法官解釋的意旨。

【推薦閱讀】

① 金知慧，《善良的歧視主義者》，台灣東販，二〇二〇年。

② 傑森．史丹利，《修辭的陷阱：為何政治包裝讓民主社會無法正確理解世界？》，八旗文化，二〇二一年。

③ Denis J. Galligan, Mila Versteeg，《憲法的社會與政治基礎》（上、中、下），國立臺灣大學出版中心，二〇二一年。

關於同性婚姻，在歷史留下紀錄的一場辯論

二〇一七年五月二十四日，司法院釋字第七四八號通過。

在這號大法官解釋中，白話一點來說是這樣的：

「民法親屬編的規定，沒有辦法使相同性別的人，成立具有『親密性、排他性、永久性』的關係，在這樣的範圍內，過度侵害人民的『婚姻自由及平等權』。至於要如何保障？這個交給立法院自己決定。如果兩年後沒有制定法律來保障的話，就直接適用民法。」

就在許多人為了臺灣即將走進婚姻平權的世界感到開心之際，反同一方，也自知反對同性婚姻無望，所以打算在釋字七四八號的解釋架構下，用專法的規範模式來積極反擊。

因此，在二〇一八年初，就在台灣進行公投法下修門檻後，「反同陣營」發起了三個公投，分別為：

「你是否同意民法婚姻規定應限定在一男一女的結合？」（第十案）

「你是否同意在國民教育階段內（國中及國小），教育部及各級學校不應對學生實施性別平等教育法施行細則所定之同志教育？」（第十一案）

「你是否同意以民法婚姻規定以外之其他形式來保障同性別二人經營永久共同生活的權益？」（第十二案）

而根據《全國性公民投票意見發表會或辯論會實施辦法》，每一公民投票案發表會或辯論會，至少應辦理五場，每一場都需要正方和反方代表，來進行辯論。其中第十四案是：「您是否同意，以民法婚姻章保障同性別二人建立婚姻關係？」代表正方的是時任時代力量立委黃國昌，而反方則是由時任中正大學法學院副院長曾品傑擔任[48]。白話一點來說，就是黃國昌要擔任支持同性婚姻修民法的角色；而曾品傑要擔任支持同性婚姻修專法的角色。

這場辯論，於二〇一八年十一月十五日舉行。雖然兩位參與者，都是法學教授等

48 整場辯論內容都在此連結 https://www.youtube.com/watch?v=kNlgfWbNuYc

級的，但是曾品傑教授卻在辯論的過程中，對於「為什麼要」用專法而不是修民法，他卻沒有向大眾提出清楚的說明。而這說不清楚的「為什麼」，從法學的角度來看，其實透露了曾教授的反同婚論點缺乏根據，也讓人看見了憲法的理念固然高尚，但在現實世界裡，經常面對被有意無意忽視的困境。

專法「比較好」，卻說不清楚為什麼？

曾教授在這場意見發表會中最大的問題：並沒有論證命題。因為他明確表態支持專法而反對民法，所以他必須要去論述「為什麼專法比民法更好」，可是從頭到尾都沒有做這樣的「比較」。只是一直重複地說我們可以這樣做，但沒有說「為什麼」我們要這樣做？

這一點，我們必須要回到釋字第七四八號的意旨來看，如果大法官都要求一定要用「法律」來保障同性婚姻，那當然就是要挑選最好的制度。所以在法律的制定上，若有需求制定某個法律，我們一定要清楚說明「為什麼」要這樣來制定；若我們清楚知道「為什麼」，並提供各種選項時，就要說明哪個選項是相對來說比較好的。

而這樣的辯論會導致若沒有辦法清楚支持命題，也無法得知為何要這樣做。反之，黃委員在論證上，清楚說明了若同性戀和異性戀的婚姻基礎上是相同的，直接修民法是最快也是最保障同性婚姻的。

異性婚和同性婚的遺產分配，為什麼不一樣？

為了說明日後專法可以怎麼制定，曾教授舉例指出，如果是「同性伴侶」一方死亡，遺產的分配，應該由生前照顧的程度由法院來分配（在現在民法裡頭的婚姻並沒有這樣規定）。

遺產的分配竟然需要法院來評價「生前照顧」？曾教授的論點一直在強調「我們可以這樣做」，但最大的問題就是「為什麼」我們要這樣做？在民法的婚姻裡面，如果一方去世，遺產的分配直接按照民法繼承的規定，為什麼因為是同性戀，就需要法院來「評價」生前的照顧？為什麼是同性戀，就要有比較不利的規定？曾教授都並無論述。

異性戀婚姻就會發生的事情，錯誤移植到同性婚姻上

最後，曾教授更說了，如果用民法來通過同婚，兩個男生結婚想要小孩，要是他們找「代理孕母」，這樣會大亂、父母的認定會搞錯。就算女同性戀不需要找代理孕母，他也認為會發生一樣的事情。

試問：如果一段關係中（有可能是同性也有可能是異性），其中一個男方找一個代理孕母生下小孩，會不會有生母和生父搞亂的問題？這個議題是屬於「代理孕母」的議題，和同性婚姻、立專法或修民法一點關係都沒有，無論異性婚或同性婚，在碰到代理孕母時都會碰到一樣的問題。曾教授把現有的制度就會發生的問題，錯誤移植到同性戀上，有點誤解本次辯論的命題。

其實整場下來，曾教授藏不住對於同性戀的誤解，似乎是把他本身反對同性婚姻的論點，全部搬到這場辯論上，有點誤解對於他的持方應該是要支持專法的。就算他

反對同性婚姻，他也不應該把自己本身的立場放置在這樣的辯論場上，導致人民的錯誤理解。

曾教授自己是法學教授，理應知道法學的論證和邏輯，但卻沒有在既有的時間內，好好加以論證「反對民法，專法更好」的命題，反而是向大眾傳播不甚正確的訊息。讓反對同性婚的法學論戰上，本來就站不穩的立場，更顯得薄弱。

一場雙方無交集、道理說不明的發表會

黃國昌表達的重點在於，如果「專法」所保障的程度和「民法」一樣，那幹嘛不讓同性婚姻直接適用民法？如果專法所保障的程度和民法不一樣，那就基本上違反釋字七四八號的內容。最後黃國昌問曾品傑：「請問釋字第七四八號，有沒有要保障性傾向的不同，要符合婚姻自由平等保障？」

曾教授並沒有回應黃國昌的問題，反而是使用大量的釋字第七四八號的段落來解釋一件事，就是他認為：「專法沒有違憲。」因為在釋字第七四八號中，大法官說了

要如何來保障同性關係，是透過「立法形成」（白話就是：這件事交由立法院來做）。

按照釋字第七四八號，使用專法的形式來規定同婚，固然沒有違憲，這也不是這場辯論的重點。所以理論上，曾教授應該要針對黃國昌的重點去回應，而黃的重點正是：「你為什麼要用專法？」但曾教授只回應：「大法官說可以用專法」，而這段言詞來往，就是整場最大的問題。

因為釋字七四八號的最後是告訴大家，要怎麼樣來保障同性之間的親密性及排他性之永久結合關係，來達成婚姻自由之平等保護，是交由立法院來做的。所以其實並沒有人認為說「專法」不可以，而是我們要怎麼樣的專法才能符合憲法的要求？

所以理論上曾教授的重點應該要擺在：「為什麼我認為專法比較好？」這樣雙方的戰場才能聚焦在「民法VS.專法」，去比較用哪個法比較好、比較符合現在的精神。但是曾教授回應卻是：「大法官說可以專法」，這邊就失焦了。舉例來說，如果我眼前有蘋果和橘子「能」吃，但要比較吃哪個比較好，那應該是去說「為什麼我要」選擇蘋果或是橘子，而不是「我其實可以」選擇其中一個。

曾教授的立場如果是要守住「專法」，那就應該要清楚且明確地論證「專法」會更好。但意見發表會從頭到尾，曾教授都沒做這樣的論證，只說我們可以這樣做，但沒說為什麼要這樣做。

這裡凸顯的問題，就是缺乏「交互詰問」的過程。如果意見發表會的目的，是在讓事情被說得更清楚，讓價值更明白的被論述，那麼讓雙方的意見有更多相互撞擊和回應的機會，才能讓錯誤的資訊透過這樣的過程被釐清，而且也可以讓意見發表會擺脫目前這種「一人一回合十二分鐘、共兩回合」呆板的申論形式。無論對哪一個立場的發表人來說，目前的形式真的就只能意見發表，而無法達到更多公共討論的效果。

這場辯論，見證憲法價值成長與掙扎的歷史

二〇一八年十一月二十四日，支持同性婚姻的一方嘗到失敗的苦果，公投結果，確定同性婚姻無法用民法來規範。二〇一九年五月，立法院通過了《司法院釋字第七四八號解釋施行法》，確定用專法來保障同性婚姻，台灣成為亞洲第一個保障同性婚姻的國家。

而前述的這場辯論，當然見證了憲法價值——如憲法第二十二條概括保障的「婚姻自由」——是如何成長與掙扎的過程。歷史也會清楚地見證，誰在為這樣的憲法價值奮鬥，誰在阻礙人權的保障；大家也可以清楚看到，誰精準地解讀釋字七四八號解釋，誰扭曲了大法官解釋的意旨，只為貫徹個人的想像。

然而面對未來不同發展的公共議題，如果有機會進入公投，中選會對於意見發表會的功能設定，若是能夠不僅讓提案正方、反對方發表意見，還能讓雙方立場有更多交集、討論，促使公民社會對議題更加理解，那麼意見發表形式和規則的修訂，應是中選會接下來要好好思考、檢視的課題；正如本書一路走來到這，想要強烈表達的：憲法所保障的自由不是一蹴可幾，是臺灣人民不斷從被殖民、或威權打破的廢墟中所重建，這些理念需要靠大家胼手胝足繼續來實現。

全文回顧

釋字七四八號解釋一做出來後，等同於宣告：「民法沒有保障同性婚姻是違憲」。然而在二〇一八年的公投中，反對方，一再訴說專法才是適當，然而在論證的過程中，缺乏說明專法為何比民法還要好的論述，使得雙方的意見發表淪為空洞的狀況。雖然二〇一九年最後立法院因應公投結果的關係，立了《司法院釋字第七四八號解釋施行法》這個專法，然而專法內容大量直接適用民法，更說明社會和解釋之間的鴻溝，也讓人去重新省思社會進步的意義。

參考資料

◎釋字七四八號解釋。

人
文。
031

憲政熱映中：
中華民國憲法的怪誕與進化

國家圖書館出版品預行編目（CIP）資料

憲政熱映中：中華民國憲法的怪誕與進化
/ 法律白話文運動著 ;-- 初版 .—臺北市 : 聯合文學 ,
2021.11
280 面 ;14.8×21 公分 . --（人文 ;31）

ISBN 978-986-323-423-4（平裝）

581.21　　110018384

出版日期／2021 年 11 月　初版
定　　價／380 元

ISBN 978-986-323-423-4（平裝）
本書如有缺頁、破損、裝幀錯誤，請寄回調換

作　　者／法律白話文運動
發 行 人／張寶琴

總 編 輯／周昭翡
主　　編／蕭仁豪
資深編輯／尹蓓芳
編　　輯／林劭璜
輯名頁插畫／楊軒竺
資深美編／戴榮芝
業務部總經理／李文吉
發行助理／林昇儒
財 務 部／趙玉瑩　韋秀英
人事行政組／李懷瑩
版權管理／蕭仁豪

法律顧問／理律法律事務所 陳長文律師、蔣大中律師
出 版 者／聯合文學出版社股份有限公司
地　　址／110 臺北市基隆路一段 178 號 10 樓
電　　話／(02) 2766-6759 轉 5107
傳　　真／(02) 2756-7914
郵撥帳號／17623526 聯合文學出版社股份有限公司
登 記 證／行政院新聞局局版臺業字第 6109 號
網　　址／http://unitas.udngroup.com.tw
E — m a i l：unitas@udngroup.com.tw
印 刷 廠／博創印藝文化事業有限公司
總 經 銷／聯合發行股份有限公司
地　　址／234 新北市新店區寶橋路 235 巷 6 弄 6 號 2 樓
電　　話／(02) 29178022